Wegweiser Deutsch

Deutsch für die Ausbildungsvorbereitung (AV) im Saarland

Kohlberger · Korst-Hoff

1. Auflage

VERLAG EUROPA-LEHRMITTEL
Nourney, Vollmer GmbH & Co. KG
Düsseldorfer Straße 23
42781 Haan-Gruiten

Europa-Nr.: 75259

Autoren:
Carsten Kohlberger, OStR, Saarbrücken
Katharina Korst-Hoff, StR'in, Weiskirchen

Arbeitskreisleitung:
Carsten Kohlberger, OStR

Projektleitung und Lektorat:
Dr. Rainer Maurer

1. Auflage 2024

Druck 5 4 3 2 1

Alle Drucke derselben Auflage sind parallel einsetzbar, da sie bis auf die Korrektur von Druckfehlern identisch sind.

ISBN 978-3-7585-7525-9

Gestaltung, Umschlag und Satz: Punkt für Punkt GmbH · Mediendesign, 40549 Düsseldorf
Umschlagfoto: © Jürgen Fälchle – Adobe Systems Software Ireland Companies, Adobe Stock, Dublin, Irland
Umschlagkonzept: tiff.any GmbH, 10999 Berlin
Druck: UAB Balto print, 08217 Vilnius (LT)

Vorwort

„Wegweiser Deutsch" ist ein modernes, kompetenzorientiertes **Arbeitsheft** für das Unterrichtsfach **„Deutsch"** an der einjährigen **Schulform „Ausbildungsvorbereitung (AV)"** im Saarland. Die Schulform führt nach erfolgreichem Abschluss zum Erwerb des **Hauptschulabschlusses** (Deutscher Qualifikationsrahmen **DQR Niveau 2**).

Grundlegendes Ziel des Faches in der Ausbildungsvorbereitung ist die **Förderung von Kompetenzen**, die für einen erfolgreichen Start in die **berufliche Lebenswelt** unabhängig kultureller und sozialer Herkunft und für eine **gelingende Integration** erforderlich sind. Die Schülerinnen und Schüler sollen befähigt werden, eine ihren Fähigkeiten und Interessen **angemessene Berufswahl** zu treffen, einen entsprechenden **Ausbildungsplatz** zu finden und als **Teil der Berufswelt** konstruktiv mitzuarbeiten. Sie sollen unterstützt werden, eine **selbstständige Lebensführung** zu bewältigen und als gleichberechtigte Mitglieder an unserer **demokratischen und pluralistischen Gesellschaft** aktiv teilzuhaben.

„Wegweiser Deutsch" wurde nach dem **Lehrplan Deutsch Ausbildungsvorbereitung von 2020** verfasst. Das Arbeitsheft ist so gegliedert, dass die **drei Lerngebiete** des Lehrplans abgebildet sind. Die Themenauswahl und -reihenfolge spiegeln das Ziel wider, den Schülerinnen und Schülern **Orientierung, Mitarbeit und Integration** in Schule und Berufswelt zu ermöglichen. Durch **Schwerpunktbildung** innerhalb der Themen wurde den Zeitansätzen des Lehrplans Rechnung getragen. Sie ist als Empfehlung zu sehen und kann in **Zusammenarbeit mit anderen Fächern** sachlogisch angepasst werden.

Das **didaktische Konzept der Handlungs- und Kompetenzorientierung** soll dem Deutschunterricht zugrunde liegen. Neben dem **grundlegenden Erwerb von Fachwissen** ist es wichtig, die gewonnenen Kenntnisse und **Fähigkeiten in Handeln umsetzen** zu können. Daher ist eine enge Verzahnung mit den anderen Fächern herzustellen.

Dieses Arbeitsheft unterstützt als **Teil dieses handlungs- und kompetenzorientierten Unterrichts** eine problemorientierte Auseinandersetzung mit Themen aus der **Lebenswelt der Jugendlichen**. So entwickelt sich eine **gesellschaftliche Handlungskompetenz**, die dazu beitragen soll, das Leben aktiv mitzugestalten.

Die Aufgaben sind durch die Integration **digitaler Lernangebote** so konzipiert, dass ein flexibles Unterrichten möglich ist. Im Sinne eines **Crossmedialen Lernens** werden die **Vorteile gedruckter und digitaler Medien** genutzt. Dies geschieht zuweilen mit Hilfe von **QR-Codes**. Die digitale Welt wird mit dem Arbeitsheft verknüpft und die **Medienkompetenz** der Schülerinnen und Schüler gestärkt.

Ihr Feedback ist uns wichtig.

Wenn Sie mithelfen möchten, dieses Buch für die kommenden Auflagen zu verbessern, schreiben Sie uns unter lektorat@europa-lehrmittel.de. Ihre Hinweise und Verbesserungsvorschläge nehmen wir gerne auf.

Lerngebiet 1: Bewältigung grundlegender Kommunikationssituationen

Lerngebiet 2: Vorbereitung einer Bewerbung um einen Ausbildungsplatz

Lerngebiet 3: Bewältigung von für Ausbildung und Beruf typischen Kommunikationssituationen

Lerngebiet 1: Bewältigung grundlegender Kommunikationssituationen

1. Informationen mit anderen austauschen
2. Fragen stellen und beantworten
3. Sich in einem Kurzvortrag vorstellen
4. Einen eigenen Standpunkt begründet vertreten
5. Sich an Gesprächsregeln halten
6. Mit anderen Personen angemessen kommunizieren
7. Anderen Personen aktiv zuhören
8. Texte vorlesen
9. Texte lesen
10. Informationen aus Texten entnehmen
11. Arbeitsaufträge, Operatoren und Schlüsselbegriffe verstehen

1 Informationen mit anderen austauschen

1.1 Allgemeiner Informationsaustausch

In unserem Alltag ist der Austausch mit anderen Menschen sehr bedeutend. Ob man mit Freunden zusammen ist, auf dem Amt einen Termin hat oder sich auf der Arbeitsstelle befindet: Überall kommt man mit anderen Personen in Kontakt. Deshalb ist es wichtig, dass man sich gut ausdrücken kann. Dabei kommt es darauf an, dass man in den richtigen Situationen die richtigen Worte findet. Es macht einen Unterschied, ob man zuhause mit seinen Eltern oder Geschwistern redet oder im Praktikum mit seinem Vorgesetzten.

Aufgaben

1. Beschreibe die Situation auf dem Bild.
2. Nenne vergleichbare Situationen aus deinem Alltag, bei denen du mit anderen Informationen austauschst.

1.2 Arten des Informationsaustauschs

Ob im Beruf oder im Privatleben: Menschen tauschen ständig Informationen miteinander aus. Es gilt dabei der Grundsatz: *Man kann nicht nicht kommunizieren*. Das bedeutet, dass Menschen im Umgang mit anderen Menschen zu jeder Zeit etwas von sich selbst mitteilen. Das können Gefühle sein (z. B. Wut, Nervosität) oder Gedanken („Ich muss noch für die Arbeit lernen."). Doch nicht nur Worte führen dazu, dass der Empfänger diese versteht. Wenn eine Person z. B. gähnt, weiß die andere automatisch, dass diese müde ist.

Informationen können also auf zwei Arten ausgetauscht werden: **verbal** und **non-verbal**. Darüber hinaus spielt auch die *Art und Weise* eine Rolle, wie man spricht: **paraverbale** Kommunikation.

- **verbal:** mit Worten
  Inhalt, Sprechweise, Betonung
- **non-verbal:** mit dem Körper
  mit dem Gesicht (Mimik)
  mit dem Körper (Gestik)

1.3 Verbale Kommunikation

© eelnosiva – stock.adobe.com

Im Alltag und im Berufsleben redet man häufig mit Personen, die man nicht kennt. Eine Unterhaltung kann dann hilfreich sein. Ob in der Kaffeeküche im Büro oder in der Mittagspause auf der Baustelle: Ein kurzes Gespräch mit den Kollegen/Kolleginnen oder Vorgesetzten kommt gut an. In Deutschland redet man in solchen Momenten häufig über das Wetter, die Arbeit oder das Spiel der Lieblingsmannschaft am letzten Wochenende. Fremden Personen sollte man dabei stets freundlich, offen und interessiert gegenübertreten.

Aufgabe

Wähle zusammen mit deinem Banknachbarn/deiner Banknachbarin drei Themen aus der Wortwolke aus, die euch besonders interessieren. Führt danach ein Gespräch. Wechselt nach zwei Minuten jeweils das Thema.

Quelle: wortwolke.de

1.4 Non-verbale Kommunikation

Aufgabe

Beschreibe Situationen, in denen du schon einmal mit anderen Personen Informationen ausgetauscht hast, *ohne zu reden*.

Wenn Personen miteinander in Kontakt treten, spielt neben dem Inhalt und der Sprechweise auch die Körpersprache eine bedeutende Rolle. Einige Gesten versteht man dabei automatisch. Wenn z. B. ein Schüler/eine Schülerin mit dem Finger aufzeigt, möchte dieser gerne etwas zum Unterricht beitragen. Andere Zeichen sind schwieriger verständlich und werden erst auf den zweiten Blick verstanden.

Aufgaben

1. Wähle fünf Fotos aus der Abbildung aus. Beschreibe, welche Wirkung die Mimik und Gestik der jeweiligen Person vermittelt.
2. Welche der abgebildeten Personen wirken auf dich besonders sympathisch? Welche nicht? Begründe.

Ich esse gerne ...	Ich höre gerne diese Art von Musik ...	In meiner Freizeit mache ich gerne ...
Mein Lieblingssport ist ...	Ich mag diese/n Schauspieler/in ...	Eine Schwäche von mir ist. ...
Ich mag dieses soziale Netzwerk ...	Ich trage gerne dieses Accessoire ...	Ich interessiere mich für diesen Beruf ...
Ich halte mich gerne an diesem Ort auf ...	Eine Stärke von mir ist ...	Ich schaue gerne diese Serie ...

Aufgaben

- Bildet in der Klasse Paare aus zwei Schülerinnen oder Schülern.
- Ihr dürft von nun an nicht mehr miteinander reden. Ihr verständigt euch also ohne Worte.
- Beantwortet abwechselnd die Fragen eurer Partner/eurer Partnerin aus der Tabelle, ohne miteinander zu reden. Tragt die Antworten in die Tabelle ein.
- Die Übung endet, sobald ihr eine Gemeinsamkeit gefunden habt. Danach wechselt ihr den Partner oder die Partnerin.
- Das Spiel endet nach 10 Minuten Spielzeit.
- Alle Gemeinsamkeiten werden im Anschluss an das Spiel vor der Klasse vorgestellt.
- Bedenkt: Ihr dürft auch dabei nicht miteinander reden!

Mimik und Gestik sind wichtige Bestandteile unserer Art und Weise, mit anderen Menschen Informationen auszutauschen. Das Gesicht verrät dabei oft die Laune einer Person. Besonders deutlich wird dies meist bei Menschen, die man schon länger kennt. Das hat damit zu tun, dass man die Person einschätzen kann. Bei Fremden ist dies häufig nicht auf Anhieb möglich. Oftmals täuschen wir uns in Personen, weil diese z. B. eine unfreundliche Ausstrahlung haben. Lernt man sie besser kennen, bestätigt sich dieser Eindruck nicht. Man hat sich in der Person getäuscht. Im Gegensatz zur Mimik sind Gesten häufig für andere einfacher zu entschlüsseln. Für viele Anlässe gibt es Gesten, die in der Regel von allen Personen verstanden werden können.

Aufgaben

1. Drücke mit deiner Mimik das jeweilige Gefühl aus.
   - Glück
   - Wut
   - Trauer
   - Schmerz
   - Erfolg
   - Angst
   - Überraschung
2. Beschreibe, welche Informationen für dich durch die Mimik und Gestik der Freiheitsstatue übermittelt werden.

Freiheitsstatue in New York

Beispiele:

- Händeschütteln (Begrüßung, Gratulation)
- geballte Faust (z. B. bei Torerfolg)
- erhobener Zeigefinger (Warnung)
- auf die Schulter klopfen (Lob aussprechen, Mut zusprechen)

Manche Gesten und Mimen haben in verschiedenen Kulturkreisen eine andere Bedeutung. Schüttelt man zum Beispiel in Bulgarien mit dem Kopf, so bedeutet dies „Ja". Ein Kopfnicken hingegen meint „Nein". Die Gesten sind also umgekehrt zu denen in Deutschland. In vielen englischsprachigen Ländern wird beim Zählen mit den Fingern mit dem Zeigefinger begonnen, in Deutschland mit dem Daumen.

Immer mehr Informationen werden auf elektronischem Wege ausgetauscht (z. B. per E-Mail, Smartphone-Apps oder über soziale Netzwerke). Dadurch erhalten Emojis eine zunehmende Bedeutung. Wenn man über eine App miteinander kommuniziert, ersetzen Emojis normalerweise die Mimik und Gestik. Sie übernehmen deren Aufgabe.

Aufgaben

1. Verwende Gesten, um Informationen über dich zu vermitteln zu folgenden Situationen.
   - Du fühlst dich hungrig.
   - Du hast Kopfschmerzen.
   - Du bekommst eine gute Note in einer Klassenarbeit.
   - Du zählst bis vier.
   - Du verstehst nicht, was dein Nachbar/deine Nachbarin gesagt hat.
   - Du findest die Aussage von deinem Klassenkameraden unpassend.
   - Du hast nach langer Zeit endlich das Thema im Fach Mathematik verstanden.
2. Zeige Gesten, die du kennst. Die Klasse muss erraten, welche Bedeutung diese haben.
3. Erkläre, was die Frau auf dem unteren Bild mit ihrer Geste ausdrücken will.

© Lune V A/ peopleimages.com – stock.adobe.com

4. Welche der rechts abgebildeten Emojis hast du schon einmal verwendet? Wähle vier davon aus und beschreibe, was du damit ausdrücken wolltest.
5. Erkläre, welche Informationen mit den abgebildeten Gesten ausgedrückt werden sollen.

© peregrinus – stock.adobe.com

Geste	Informationsgehalt
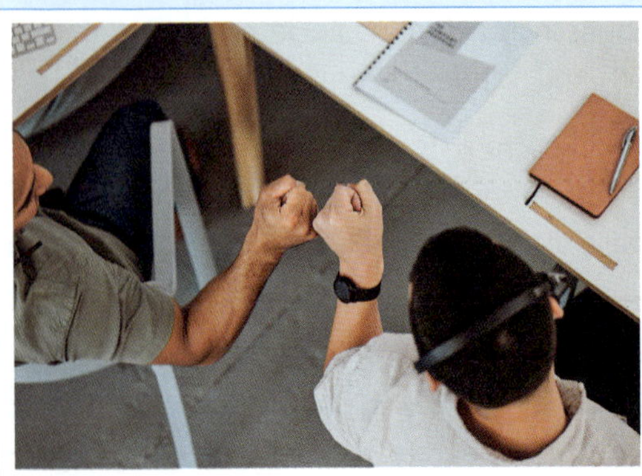 © Siphosethu Fanti/peopleimages.com	

© THAWEERAT – stock.adobe.com

© patronestaff – stock.adobe.com

© metamorworks – stock.adobe.com

© fizkes – stock.adobe.com

1.5 Paraverbale Kommunikation

Bei der paraverbalen Kommunikation geht es um die Art, *wie* man spricht. Diese sprachlichen Zeichen werden von dem Zuhörer in einem Gespräch *gehört*. Dabei spielt zum Beispiel der Tonfall eine Rolle. Redet jemand langsam und leise, so kann dies zum Beispiel Trauer oder Ernsthaftigkeit bedeuten. Auch das Sprechtempo und Sprechpausen, die Lautstärke oder die Sprechmelodie, spielen hierbei eine Rolle.

Kommunikation

= Austausch von Informationen zwischen Personen oder Gruppen

Verbale Kommunikation	**Non-verbale Kommunikation**	**Paraverbale Kommunikation**
▪ Worte ▪ Wortwahl und Satzstellung ▪ Inhalte	▪ Mimik ▪ Gestik ▪ Körpersprache	▪ Art, wie jemand spricht ▪ Stimmlage ▪ Sprechtempo ▪ Lautstärke

© AustrianImages.com

© Dzianis Vasilye

© DDRockstar – stock.adobe.com

Aufgabe

Kreuze an, ob es sich um verbal, non-verbale oder paraverbale Kommunikation handelt (Mehrfachnennungen möglich). Erkläre, wie du dich jeweils entschieden hast.

Beispiel	verbal	non-verbal	para-verbal	Erklärung
Der Lehrer/die Lehrerin schlägt mit der Faust auf den Tisch und ruft: „Jetzt ist endlich mal Ruhe!“				
Die Kollegin/der Kollege im Praktikum flüstert dir ins Ohr, dass du eine Aufgabe gut erledigt hast.				
Du triffst beim Shopping mit deiner besten Freundin in der Stadt einen alten Bekannten. Als sie ihn erkennt, rollt sie mit den Augen.				
Du hast im Praktikum nach Erfüllung des Auftrags die Werkstatt gereinigt. Als du dich beim Chef verabschieden willst, fragt dieser: „Bist du sicher, dass du an alles gedacht hast?“				

2 Fragen stellen und beantworten

2.1 Fragen und ihre Bedeutung für Gespräche mit anderen Personen

Egal, ob man sein Gegenüber bereits kennt oder sich mit Fremden unterhält: Fragen stellen zeigt Interesse. Die angesprochenen Personen fühlen sich durch die Fragen wertgeschätzt und es entwickelt sich eine angenehme Gesprächsatmosphäre. Auch erfährt man viel über sein Gegenüber. So können sich die Fragen auch positiv auf die Beziehung zwischen dem Fragesteller und der angesprochenen Person auswirken. Für ein kurzes, oberflächliches Gespräch bieten sich vor allem folgende Themen an:

- berufliche Themen
- Schule
- Hobbies/Freizeitbeschäftigungen
- kulturelle Themen (z. B. Musik, Bücher, Kunst, Theater, Kino, Serien)
- Reisen
- Sport(-ergebnisse)
- Mode
- Auto

VORSICHT: Nicht alle Fragen sind in Gesprächen mit fremden Personen geeignet. So sollte man Fragen vermeiden, welche zu sehr die Privatsphäre der anderen Person betreffen. Dazu gehören z. B. ***Krankheiten*** oder ***familiäre Angelegenheiten***. Im beruflichen Umfeld ist in Deutschland auch die Frage nach dem Lohn oder Gehalt tabu.

Aufgaben

1. Nenne je zwei Themen, über die du dich im Alltag mit folgenden Personen unterhältst.
   - Familie
   - Freunde
   - Arbeitskollegen
   - Fußballtrainer
   - Praktikumsbetreuerin
2. Notiere dir für jede der Personen oder Personengruppen je zwei Fragen, die du den Personen stellen könntest.
3. Nenne je ein Thema, über das du mit der jeweiligen Person oder Personengruppe lieber **nicht** sprechen würdest.

2.2 Fragetechnik und Anlässe

© Bernd Geller – stock.adobe.com

„Ich heiße Jannis, bin 17 Jahre alt und mache eine Ausbildung zum Elektroniker bei einer Firma in Homburg!"

© Jürgen Fälchle – stock.adobe.com

„Ich bin Sophie, 19, wohne in Saarbrücken und wandere gern in meiner Freizeit in der Natur."

© contrastwerkstatt – stock.adobe.com

„Mein Freund Franceso und ich, Marie, sind beide 20 Jahre alt und wohnen in St. Wendel. Wir fahren an Wochenenden gern zu unseren Freunden in anderen Städten."

© pressmaster – stock.adobe.com

„Ich heiße Amira und bin 18 Jahre alt. Wenn ich diese Prüfung bestehe, dann werde ich als Bürokauffrau in einem Handwerksbetrieb arbeiten. Ich wohne zurzeit noch bei meinen Eltern in Neunkirchen."

Aufgaben

1. Formuliere Fragen zu den jeweiligen Alltagssituationen.
2. Spielt die Situationen anschließend in der Klasse nach.

In unserem Alltag und Berufsleben treten immer wieder Anlässe auf, bei denen es hilfreich ist, Fragen zu stellen. Das kann zum Beispiel sein, um eine Situation zu klären oder Interesse an einer Person oder Sache zu zeigen. Wenn man nicht weiter weiß, erhält man durch Fragen Hilfe. Auch wenn man sich in bestimmten Situationen entscheiden muss, ist es hilfreich, andere nach ihrer Meinung zu fragen. In bestimmten Situationen (wie z. B. zu einem Vorstellungsgespräch) kann es hilfreich sein, Fragen vorzubereiten.

© Prostock-studio – stock.adobe.com

Du vereinbarst einen Arzttermin.

- Du hast eine Erkältung und fragst den Arzt, wie du dich verhalten sollst.
- Deine Mutter ist krank und spricht nicht so gut Deutsch. Frage für Sie nach einer Verschreibung für ein Kopfschmerzmittel.
- Du hast dir den Knöchel verstaucht und konntest deshalb die ersten zwei Stunden nicht am Unterricht teilnehmen. Frage nach einem Attest.

© lithiumphoto – stock.adobe.com

Du hast ein Gespräch mit deiner Lehrerin.

- Frage Sie nach deinen aktuellen Leistungen.
- Du hast eine Fünf in der letzten Mathematik-Arbeit. Frage deine Lehrerin, wie du dich verbessern kannst.
- Du würdest gern nach dem Hauptschulabschluss weiter die Schule besuchen. Frage deine Lehrerin nach Möglichkeiten an deiner Schule.

© kwarner – stock.adobe.com

Du hast einen Termin beim Bürgeramt/bei der Ausländerbehörde.

- Du möchtest einen Reisepass beantragen.
- Du bist mit deinen Eltern umgezogen und willst die neue Adresse melden.
- Du erkundigst dich nach deinem Aufenthaltsstatus.

© borisk.photos – stock.adobe.com

Du arbeitest an Wochenenden als Bedienung in einem Restaurant.

- Du begrüßt ein Ehepaar mittleren Alters am Eingang.
- Du kommst an den Tisch eines Gasts. Frage ihn nach seinen Wünschen.
- Ein Gast beschwert sich bei dir, dass er das falsche Essen erhalten habe.
- Ein älterer Herr beschwert sich, dass es ihm an seinem aktuellen Sitzplatz zu zugig sei.

© industrieblick – stock.adobe.com

Du machst eine Ausbildung in einer Autowerkstatt.

- Ein Kunde möchte einen Termin für eine Inspektion vereinbaren.
- Eine Kundin betritt das Büro. Du sollst sie bedienen.
- Der Geselle zeigt dir, wie man die Reifen wechselt.

© Dragana Gordic – stock.adobe.com

Du machst ein Praktikum im Pflegeheim.

- Du sollst mit einem Bewohner des Pflegeheims einen Spaziergang machen.
- Das Frühstück steht bereit und soll ausgegeben werden. Erkundige dich über den Ablauf.
- Du hast im Augenblick keine Aufgabe zu erledigen. Frage deine Praktikumsbetreuerin, was du tun kannst.

Aufgaben

1. Nenne Informationen, die du über die oben abgebildeten Personen erfährst.
2. Beschreibe anhand der Gestik und Mimik der Personen, wie sie sich gerade fühlen.
3. Notiere Fragen, die du den Personen stellen könntest.
4. Verfasse einen Dialog zu den folgenden Situationen. Verwende Fragen.
   a) Jannis und Amira arbeiten in derselben Elektro-Firma in Homburg und unterhalten sich, nachdem Amira ihre Prüfung bestanden hat.
   b) Sophie trifft Francesco und Marie am Bahnhof in St. Wendel, als sie von ihrer Wandertour nach Hause fahren will.
   c) Sophie lernt Jannis zufällig auf der Wanderveranstaltung „Rund um den Schaumberg" kennen.
5. Gruppenarbeit: Wählt eine der folgenden Alltagssituationen. Erstellt ein Plakat, auf dem ihr typische Fragen und Antworten formuliert, die in der jeweiligen Situation wichtig sein können.
   - nach dem Fußballtraining im Sportheim
   - auf dem Ausländeramt
   - neulich im Fitnessstudio
   - beim Frisör
   - erster Tag im Praktikumsbetrieb
   - im Krankenhaus

   Ergänzt das Plakat mit Farben, Symbolen, Zeichnungen und Abbildungen. Stellt das Plakat im Anschluss eurer Klasse vor.

2.3 Fragen beantworten

Wenn man mit Menschen zu tun hat, können Fragen oft hilfreich sein. Sie signalisieren, dass man mehr über sie erfahren möchte. Gleichzeitig ist es hilfreich, sich seinem Gegenüber zu öffnen, um ein Vertrauensverhältnis herzustellen.

Aufgabe

Bingo: Bei dem Spiel muss man Kästchen ankreuzen. Die Person, die als erste eine waagerechte oder senkrechte Reihe vollständig angekreuzt hat, gewinnt das Spiel.

Finde jemanden, der eine der folgenden Fragen mit „ja" beantworten kann. Trage den Namen in das jeweilige Kästchen ein. Du kannst jeden Namen nur einmal eintragen. Wenn du eine volle Reihe hast, rufst du „Bingo". Danach kannst du die restlichen Kästchen ausfüllen.

Ich bin nicht in Deutschland geboren.	Ich kann gut kochen.	Ich passe gerne auf Kinder auf.	Ich treibe in meiner Freizeit regelmäßig Sport.	Ich bin ein religiöser Mensch.
Ich mag den Herbst.	Ich schaue viele Serien.	Ich bin ein Einzelkind.	Ich habe viele Freunde.	Ich esse oft vor dem Fernseher.
Ich mag Computerspiele.	Ich möchte später einmal heiraten.	Ich bin ein/e Frühaufsteher/in.	Ich mag Hunde lieber als Katzen.	Ich habe einen festen Berufswunsch.
Ich tanze gerne.	Ich fahre mit dem Fahrrad zur Schule oder gehe zu Fuß.	Ich bin handwerklich begabt.	Ich hänge zu oft an meinem Smartphone.	Ich kann mir Dinge gut merken.
Ich habe ein Haustier.	Ich würde mir gern einen Traum erfüllen.	Ich rede viel.	Ich gehe manchmal auf Konzerte.	Ich bin gerne in der Natur.

3 Sich in einem Kurzvortrag vorstellen

3.1 Einen Kurzvortrag planen

© Robert Kneschke – stock.adobe.com

Aufgaben

1. Beschreibe die auf dem Bild gezeigte Situation.
2. Warst du selbst schon einmal in einer solchen Situation? Beschreibe, was man beachten sollte.

Bei einem Kurzvortrag redet man zu einem bestimmten Thema. Die Informationen sollten dabei auf das Wichtigste beschränkt sein. Wenn man in eine neue Klasse kommt oder sich bei einem Ausbildungsbetrieb vorstellt, bietet sich ein Kurzvortrag über sich selbst an. Der Kurzvortrag sollte eine Länge von 3–5 Minuten nicht überschreiten. Vorab sollte geklärt werden, an wen sich der Kurzvortrag richtet.

Aufgaben

1. Nenne Informationen, welche die folgenden Personengruppen interessieren könnten:
   a) Klassenkameraden
   b) Praktikumsbetrieb
   c) Schule
   d) Vereinskollegen
   e) Eltern eines Freundes/einer Freundin
2. Notiere, was du gern über deine Klassenkameraden wissen würdest.

© Anna – stock.adobe.com

3.2 Einen Kurzvortrag vorbereiten

Ein Kurzvortrag soll geplant werden. Hierfür werden zunächst alle wichtigen Informationen gesammelt. Dazu erstellt man eine Stoffsammlung.

Stoffsammlung erstellen

© Friedberg – stock.adobe.com

Notiere folgende Informationen zu deiner Person:

- Name
- Alter
- Wohnort
- Hobbies
- Vorgängerschule
- Berufliche Erfahrungen: Praktika, Nebenjobs usw.
- Berufswunsch
- besondere Kenntnisse und Fähigkeiten
- interessante oder spannende Erfahrung

Gliederung erstellen

Als Nächstes bringt man die Informationen für den Vortrag in eine sinnvolle Reihenfolge, die *Gliederung*. Man beginnt dabei normalerweise mit einer kurzen *Einleitung*, in der man die Zuhörer begrüßt und mitteilt, worum es in dem Vortrag geht. Danach folgt der *Hauptteil*, der eigentliche Vortrag. Im *Schluss* gibt man noch ein paar Hinweise, bedankt sich und beantwortet Fragen. Eine mögliche Gliederung für einen Kurzvortrag könnte also so aussehen:

Gliederung

1. Einleitung
   - Begrüßung der Anwesenden
   - Thema: Vorstellung der eigenen Person
2. Hauptteil
   - Name
   - Alter
   - Wohnort
   - Hobbies
   - Vorgängerschule
   - berufliche Erfahrungen: Praktika, Nebenjobs usw.
   - Berufswunsch
   - besondere Kenntnisse und Fähigkeiten
   - interessante oder spannende Erfahrung
3. Schluss
   - Fragen
   - Verabschiedung

Stichwortzettel gestalten

Damit man während des Vortrags nicht ins Stottern gerät, sollte man einen Stichwortzettel vorbereiten. Dieser sollte einige Aspekte berücksichtigen:

- die Reihenfolge der Inhalte
- wichtige Inhalte und Begriffe
- Pausen und Betonungen
- Einsatz von Anschauungsmaterial

Um die Inhalte besser im Gedächtnis zu behalten, sollte man mit *Farben*, *Symbolen* und *Bildern* oder *kleinen Zeichnungen* arbeiten.

> TIPP: Neben einer guten Präsentation ist auch ein spannender Inhalt beim Vortrag hilfreich. Wenn man zum Beispiel eine interessante Geschichte oder Erfahrung aus seinem Leben erzählen kann, die zu dem Thema passt, kann man sich der Aufmerksamkeit seiner Zuhörer sicher sein.

3.3 Einen Kurzvortrag durchführen

Ein Kurzvortrag sollte kurzweilig sein. Damit die Zuhörer dem Vortrag möglichst lange aufmerksam folgen, sollte man einige Regeln befolgen:

- **Anschauungsmaterial verwenden:** Wenn man beim Vortrag nur redet, kann dieser schnell langweilig sein für das Publikum. Deshalb sollte man immer Anschauungsmaterial verwenden, z. B. eine PowerPoint-Präsentation, ein Padlet, ein Plakat, Bilder oder Gegenstände, die zu dem Inhalt passen.
- **Frei sprechen:** Man sollte während des Vortrags nicht bloß ablesen, sondern möglichst frei reden. Dabei ist ein gut vorbereiteter Stichwortzettel hilfreich. Wenn man den Vortrag zuhause einübt, gewinnt man Sicherheit und hat es beim Reden dann leichter.
- **Blickkontakt halten:** Während des Kurzvortrags sollte man sich dem Publikum zuwenden und seine Zuhörer ansehen. Dabei kann man sich zum Beispiel an die Augen einer Freundin eines Freundes halten, mit dem oder der man das vorher abspricht.
- **Stimme anpassen:** Man sollte darauf achten, beim Sprechen von allen verstanden zu werden. Dafür redet man am besten laut und deutlich. Auch die Betonung ist wichtig. Wenn man sehr monoton spricht, kann es die Zuhörer schnell langweilen. Am besten übt man seinen Vortrag vorher mit einem Freund oder einer Freundin.

> TIPP: Wenn du dich in der **deutschen Sprache** noch nicht so sicher fühlst, *kein Problem*! Es ist besser, Deutsch mit Fehlern zu reden als gar nicht zu reden. Die Menschen werden dich trotzdem verstehen. Und du wirst dich verbessern!

Aufgabe

Erstelle einen Kurzvortrag zu einem der folgenden Anlässe:

- Du stellst dich dem Chef deines Praktikumsbetriebs vor.
- Du stellst deiner Klasse ein besonderes Hobby vor.
- Du stellst deiner Klasse eine besondere Persönlichkeit vor.
- Du stellst deiner Klasse deinen Lieblingsort vor. Das kann deine Heimatstadt oder dein Heimatland sein.
- Du stellst deiner Klasse deinen Wunschberuf vor.

3.4 Einen Kurzvortrag reflektieren

Nach Beendigung des Kurzvortrags sollte man sich das Feedback von anderen einholen. Dabei bewerten die Zuhörer, wie sie den Vortrag fanden. Dies kann nach den folgenden Kriterien erfolgen:

Bewertungs-kriterien	–	0	+	++
Inhalt	Ich habe wenige wichtige Inhalte vorgetragen. Diese waren nicht alle nachvollziehbar.	Ich habe einige wichtige Inhalte vorgetragen. Diese waren teilweise nachvollziehbar.	Ich habe viele wichtige Inhalte vorgetragen. Diese waren meist nachvollziehbar.	Ich habe ausschließlich wichtige Inhalte nachvollziehbar vorgetragen.
Sprache	Ich habe mich nicht immer verständlich ausgedrückt. Meine Grammatik und mein Ausdrucksvermögen sind stark verbesserungsbedürftig.	Ich habe mich teilweise verständlich ausgedrückt. Meine Grammatik und mein Ausdrucksvermögen sind deutlich verbesserungsbedürftig.	Ich habe mich meist verständlich ausgedrückt. Meine Grammatik und mein Ausdrucksvermögen sind verbesserungsbedürftig.	Ich habe mich verständlich ausgedrückt. Meine Grammatik und mein Ausdrucksvermögen sind weitgehend den Anforderungen entsprechend.
Vortrag	Ich habe meinen Vortrag nicht angemessen gegliedert und viele konnten meinen Ausführungen nicht immer folgen.	Ich habe meinen Vortrag nur teilweise angemessen gegliedert und viele konnten meinen Ausführungen nur teilweise folgen.	Ich habe meinen Vortrag insgesamt angemessen gegliedert und jeder konnte meinen Ausführungen meistens folgen.	Ich habe meinen Vortrag angemessen gegliedert und jeder konnte meinen Ausführungen folgen.
Kommunikation	Ich habe unverständlich geredet und das Publikum in meinen Vortrag nicht einbezogen.	Ich habe teilweise verständlich geredet und das Publikum manchmal in meinen Vortrag einbezogen.	Ich habe meistens verständlich geredet und das Publikum häufig in meinen Vortrag einbezogen.	Ich habe verständlich geredet und das Publikum in meinen Vortrag einbezogen.

Feedback geben

Um Vorträge angemessen bewerten zu können, ist man auf die Rückmeldungen anderer angewiesen. Diese sollten für die Person hilfreich sein. Dafür gelten folgende Regeln:

- **Positives** hervorheben: Man sollte die Person vor allem im Positiven bestärken. Dann weiß sie, was sie bereits gut macht und es stärkt ihr Selbstbewusstsein.
- **Verbesserungsmöglichkeiten** aufzeigen: Es sollten alle Aspekte angesprochen werden, in denen sich die Person noch verbessern kann.
- **Zielorientiert** kritisieren: Wenn man einer Person Feedback gibt, so sollte dieses immer möglichst *sachlich* geäußert werden. Man wird dabei also niemals persönlich!

Eine gute Möglichkeit, konstruktiv Kritik zu äußern, ist die Sandwich-Methode:

© Oleksandr – stock.adobe.com

1. **Positiver Beginn:** Die Rückmeldung beginnt grundsätzlich mit einer positiven Rückmeldung für den Referenten. Es wird eine allgemeine positive Einschätzung oder ein positiver Aspekt des Vortrags hervorgehoben.
   - „Ich fand den Vortrag gut, weil ..."
   - „Mir hat besonders gefallen, dass ..."
   - „Der Kurzvortrag war informativ, da ..."

© Marco2811 – stock.adobe.com

2. **Konstruktive Kritik:** Wie bei einem richtigen Sandwich werden einzelne Komponenten („Schichten") des Vortrags („Belag"), genauer angesprochen. Hier sucht man sich einzelne davon aus, die verbesserungsbedürftig sind. Diese werden dann angesprochen. Dazu werden Hinweise gegeben, wie diese Schwächen verbessert werden können.
   - „An diesem Punkt/dieser Stelle hätte man ..."
   - „Mir ist aufgefallen, dass ..."
   - „Man könnte versuchen ..."

© cirquedesprit – stock.adobe.com

3. **Positiver Abschluss:** Das Feedback sollte positiv enden. Dadurch wird die Kritik aus dem zweiten Teil etwas abgeschwächt und der Referent kann selbstbewusst und mit einem guten Gefühl den Vortrag beenden.
   - „Insgesamt war der Vortrag gelungen ..."
   - „Ich fand vor allem toll, dass ..."

© kebox – stock.adobe.com

Aufgaben

1. Bewerte die folgenden Aussagen als Feedback.
   - „Du redest Unsinn!"
   - „Du solltest öfter das Publikum ansehen."
   - „Mir hat der Vortrag überhaupt nicht gefallen."
   - „Ich finde das Thema doof."
   - „Als du über dein Hobby geredet hast, hätte ich mir noch weitere Informationen gewünscht."
   - „Der Vortrag war langweilig."
2. Formuliere zu den obigen Aussagen ein vollständiges positives Feedback nach der Sandwich-Methode.

Positiver Beginn	
Konstruktive Kritik	
Positiver Abschluss	

4 Einen eigenen Standpunkt begründet vertreten

4.1 Diskussionsanlässe erkennen

Ob in der Familie, im Freundeskreis, in der Schule, im Praktikumsbetrieb oder in der Ausbildung: Manchmal sind Meinungsverschiedenheiten oder Diskussionen mit anderen Personen unvermeidlich. In solchen Situationen sollte man kühlen Kopf bewahren, um seinen eigenen Standpunkt zu vertreten. Die eigene Meinung sollte dabei immer begründet werden. So können die Gesprächspartner die eigene Meinung besser einschätzen. Auch ist es hilfreich, sich in Diskussionen in die andere Person hineinzuversetzen. Auch wenn es schon einmal emotionaler zugeht, sollten Aussagen, die man trifft, niemanden verletzen.

4.2 Gefühle benennen

Streitigkeiten sind häufig Folge von Konflikten. Diese Konflikte entstehen oft, weil zwei Personen unterschiedliche Bedürfnisse haben. Um Konflikte zu vermeiden, sollten diese Bedürfnisse der anderen Person mitgeteilt werden. So kann Streit vermieden werden. Man versteht seinen Gesprächspartner besser. Eine Diskussion auf Augenhöhe ist möglich.

Aufgaben

1. Beschreibe Situationen, in denen du schon einmal Meinungsverschiedenheiten hattest. Erkläre, wie du dich dabei verhalten hast.
2. Beschreibe die oben abgebildete Situation. Gehe vor allem auf die Mimik (Gesichtsausdruck), die Gestik und die Körpersprache ein.
3. Notiere drei Regeln, wie man sich in solchen Situationen verhalten sollte.

Weitere Situation:
Lena und Malte haben zusammen eine Ausbildung als Pflegefachkraft absolviert und sind seither beste Freunde. Sie arbeiten nun in derselben Stadt: Lena in einem Krankenhaus, Malte in einem Seniorenheim. Um Miete zu sparen, ziehen die beiden zusammen in eine Wohngemeinschaft. Bereits nach einigen Wochen fangen sie an, immer wieder miteinander zu streiten.

4. Notiere, worin bei den folgenden Aussagen die Konfliktursache liegen könnte:
   - Lena: „Du lässt dein Geschirr immer in der Spüle stehen!"
   - Malte: „Immer wenn ich schlafen will, musst du die Musik so laut aufdrehen."
   - Lena: „Musst du so oft mit deinen Freunden bei uns in der Wohnung rumhängen?"
   - Malte: „Schon wieder haben sich die Nachbarn beschwert, dass wir das Treppenhaus zu spät geputzt haben. Du warst diese Woche dran."
5. Überlege, wie Lena ihrem Gegenüber ihren Standpunkt am besten vermitteln kann. Formuliere Aussagen.
6. Verfasse einen Dialog zwischen Lena und Malte, in der eine sachliche Diskussion stattfindet. Mit dem Ergebnis sollen beide leben können.

Aufgaben

1. Ordne die oben abgebildeten Gefühle in *positive* und *negative* Gefühle.

Positiv	Negativ

2. Beschreibe drei dieser Gefühle anhand einer Situation, in der du das jeweilige Gefühl schon einmal erlebt hast.
3. Nenne darüber hinaus noch zwei weitere Gefühle, die du schon einmal erlebt hast. Beschreibe diese Gefühle so genau wie möglich.
4. Stelle eines dieser Gefühle mithilfe von Körpersprache dar.
5. Gib zu den Bildern das Gefühl an, das die abgebildete Person gerade hat. Begründe deine Entscheidung.
6. Nenne ein Bedürfnis, das diese Person gerade haben könnte. Begründe auch diese Entscheidung.

Bild	Gefühl	Bedürfnis
 © Image Source – shutterstock.com	☐ Positiv ☐ Negativ	
 © CarlosBarquero – stock.adobe.com	☐ Positiv ☐ Negativ	
 © GAGO IMAGES – stock.adobe.com	☐ Positiv ☐ Negativ	
 © Katsiaryna Pakhomava – shutterstock.com	☐ Positiv ☐ Negativ	

4.3 Bedürfnisse benennen

Jeder Mensch hat Bedürfnisse, die sein Handeln beeinflussen. Diese Bedürfnisse sind vielfältig. Neben Grundbedürfnissen, wie etwa *schlafen*, *essen* oder *warme Kleidung*, haben Menschen auch z.B. das Bedürfnis nach *menschlicher Nähe*, nach einem *interessanten Beruf* oder nach einer *gemütlichen Wohnung*.

Bedürfnisse werden dabei immer aus persönlicher Perspektive geäußert („Ich ..."). Jemand anderen dafür verantwortlich zu machen, ist dabei nicht erlaubt.

Weitere Bedürfnisse (Auswahl):
Sicherheit, Erholung, Kontakt und Zugehörigkeit, Liebe und Beziehung, Feiern und Lebensfreude, Geborgenheit, Freiheit, Beständigkeit, Bedeutung/Wichtigkeit, Grenzen, Veränderung, Harmonie, Unterstützung, Respekt, Abstand, Sinn/Erfüllung, Aufmerksamkeit

© Srdjan – stock.adobe.com

Die Freundinnen Tamara und Shadia möchten sich für die Berufsfachschule I anmelden. Sie verabreden sich, um am Nachmittag zusammen auf Praktikumssuche zu gehen. Shadia möchte gerne in einer Apotheke nachfragen, ob sie dort ein Praktikum absolvieren kann. Tamara ist sich noch nicht sicher. Sie wollte eigentlich im Kindergarten arbeiten, interessiert sich aber auch für den Beruf als Pflegefachkraft. Tamara sagt den Termin mit Shadia schließlich ab. Diese würde ihr Praktikum gerne endlich vereinbaren. Auch ist sie von Tamaras Unentschlossenheit genervt.

Shadia beschwert sich bei Tamara:

> *„Du bist einfach zu unzuverlässig. Ich muss immer wegen dir warten!"*

Tamara antwortet:

> *„Du bist ja mal eine tolle Freundin. Du könntest mich ruhig mal unterstützen!"*

Es kommt zu einem Streit zwischen den Freundinnen.

Aufgaben

1. Fasse die Situation zwischen Tamara und Shadia in eigenen Worten zusammen.
2. Gibt den Freundinnen Ratschläge, wie sie mit der Situation umgehen könnten.

Die Kommunikation zwischen Tamara und Shadia ist nicht optimal. Anstatt sich gegenseitig Vorwürfe zu machen, hätten sie ihre Gefühle und Bedürfnisse besser ausdrücken müssen.

~~„Du bist einfach zu unzuverlässig. Ich muss immer wegen dir warten!“~~

besser: „Ich fühle mich im Stich gelassen. (Gefühl) Ich hätte gerne Sicherheit, dass ich mein Praktikum in der Apotheke machen kann. (Bedürfnis)“

~~„Du bist ja mal eine tolle Freundin. Du könntest mich ruhig mal unterstützen!“~~

besser: „Ich bin mit meiner Situation überfordert. (Gefühl) Ich würde mich gerne noch über meine Möglichkeiten austauschen und brauche deine Hilfe. (Bedürfnis)“

Unter diesen Bedingungen ist eine faire Diskussion der beiden besser möglich.

Beide Freundinnen beschreiben ihre eigenen Gefühle. Wenn Shadia Tamara erklärt, dass sie sich von ihr Stich gelassen fühlt, kann Tamara sich besser in sie hineinversetzen. Sie versteht, warum Shadia ihre Absage missfällt. Aus ihren Gefühlen leitet Shadia ihre Bedürfnisse ab. Deshalb leuchtet es ihr ein, dass sie so schnell wie möglich ihr Wunschpraktikum vereinbaren möchte.

Shadia könnte Tamara bitten, mit ihr zu der Wunschpraktikumsstelle zu gehen, um sie zu unterstützen.

Tamara erklärt Shadia, dass sie nicht sicher ist, welcher Beruf für sie der richtige ist. Sie ist von der Situation überfordert. Sie würde sich gern noch mit Shadia über ihre Entscheidungsfindung unterhalten und erwartet Verständnis für ihre Situation. Sie hätte gerne, dass Shadia sie aktiv bei ihrer Auswahl unterstützt. Jetzt kann Shadia Tamara besser einschätzen und weiß, wie es in ihr aussieht.

Tamara könnte Shadia bitten, sich mit ihr zusammen über die beiden möglichen Ausbildungsberufe zu informieren.

Aufgaben

1. Nenne jeweils drei Bedürfnisse, die folgende Personengruppen haben.
   - Mutter von Neugeborenem
   - Kind in Kita
   - Praktikantin im neuen Betrieb
   - Schülerin, die von ihrer Klasse gemobbt wird
   - Mathematiklehrer, dessen Klasse keine Hausaufgaben macht
   - Schüler/Schülerin, der/die am Wochenende in einem Restaurant jobbt
2. Nenne Gefühle, auf die das jeweilige Bedürfnis möglicherweise zurückzuführen sind.

4.4 Einen eigenen Standpunkt entwickeln

Ob bei einer Diskussion mit Eltern oder Freunden, in der Schule oder im Berufsleben – immer wieder wird man nach seiner eigenen Meinung zu verschiedenen Themen und Sachverhalten gefragt. Dann sollte man möglichst begründet Stellung beziehen.

Weiter zur Schule gehen oder eine Ausbildung beginnen?

© Drobat Dean – stock.adobe.com

Dennis: *„Ich habe mich nach meinem Hauptschulabschluss dafür entschieden, mich an der Berufsfachschule I im Fachbereich Technik anzumelden. So kann ich einen höheren Schulabschluss erreichen und Wissen im Bereich Technik erlangen. Ich bin noch nicht sicher, wie es danach weitergehen soll."*

© contrastwerkstatt – stock.adobe.com

Katharina: *„Ich habe mich nach meinem Hauptschulabschluss für eine Ausbildung als Malerin und Lackiererin entschieden. Hier kann ich kreativ sein, lerne viel Praktisches und verdiene mein eigenes Geld. Dazu erhalte ich unter bestimmten Bedingungen meinen Mittleren Bildungsabschluss."*

Dennis und Katharina haben die Ausbildungsvorbereitung in derselben Klasse absolviert. Sie haben sich für zwei verschiedene Wege entschieden.

Dennis besucht nun die Berufsfachschule I, Fachbereich Technik, und möchte gerne noch mehr über seinen Fachbereich erfahren. Danach weiß er noch nicht, was für eine Ausbildung er beginnen möchte. Auch ist er unschlüssig, ob er vielleicht noch in die Fachoberschule oder die gymnasiale Oberstufe wechseln möchte.

Vanessa hat in einem Praktikum während der Ausbildungsvorbereitung den Beruf der Malerin/Lackiererin kennengelernt. Sie hat sich sofort für den Beruf begeistert. Ihr Chef hat sie nach den zwei Wochen gefragt, ob sie sich vorstellen könne, bei ihm eine Ausbildung zu beginnen. Beide diskutieren nun, welcher der beiden Wege für Schüler/Schülerinnen der Ausbildungsvorbereitung der sinnvolle ist.

© magele-picture – stock.adobe.com

Erweitern Sie Ihren Standpunkt!

Aufgaben

1. Nenne die Gründe, welche Dennis und Katharina für Ihre Entscheidung anführen.

Dennis	Katharina
1.	1.
2.	2.
3.	3.

2. Nenne weitere Gründe, welche für Dennis' bzw. für Katharinas Standpunkt sprechen.

3. „Weiter zur Schule gehen oder eine Ausbildung beginnen?" Formuliere einen eigenen Standpunkt. Führe mindestens 3 Gründe für deinen Standpunkt an.

© blende11.photo – stock.adobe.com

4. Nenne jeweils zwei Gründe für und gegen die folgenden Aussagen:

Aussage	Dafür ...	Dagegen ...
Der Gebrauch von Smartphones im Unterricht sollte grundsätzlich erlaubt sein.	+	–
	+	–
Einmal in der Woche sollte man den Unterricht per Videokonferenz durchführen.	+	–
	+	–
Ein Praktikum ist für die Wahl meines Ausbildungsberufs wichtig.	+	–
	+	–
In der Schule sollte das Tragen von Jogginghosen verboten sein.	+	–
	+	–

4.5 Meinungen begründen und belegen

Ines (l.) wohnt seit einigen Wochen mit ihrem Freund Ben (r.) zusammen in einer Wohnung. Insgesamt verstehen sie sich sehr gut. Da sie beide noch in Ausbildung sind, haben sie nicht so viel Geld. Dabei achtet Ines stärker auf die Ausgaben als Ben. Oft streiten sie sich dann. Da sie beide emotional sind, wird es dann oft etwas lauter. Ines möchte ihren Freund davon überzeugen, öfter mit dem Fahrrad zur Arbeit zu fahren, statt mit dem gemeinsamen Auto.

© Knut Wiarda – stock.adobe.com

Aufgaben

1. Nenne Situationen, in denen du beim Diskutieren schon einmal emotional reagiert hast.
2. Erkläre, wie Ines vorgehen sollte, Ben von ihrer Idee zu überzeugen.
3. Nenne Gründe, die Ben überzeugen könnten, das Fahrrad zu nehmen.
4. Nenne Gründe, die Ines überzeugen könnten, das Auto zu nehmen.
5. Erkläre, wie die beiden sich ihre Gründe noch besser verständlich machen können.

Ines' Standpunkt

„Ich finde, du solltest mit dem Fahrrad zur Arbeit fahren. Das ist viel gesünder für dich. Wenn du mit dem Fahrrad zur Arbeit fährst, hast du automatisch genügend Bewegung. Außerdem können wir so sehr viel Geld sparen, das wir für andere Dinge ausgeben könnten. Du brauchst dann zum Beispiel nicht mehr ins Fitnessstudio zu gehen. Außerdem sparst du dir die Benzinkosten für das Auto."

© Thomas Reimer – stock.adobe.com

Ines erklärt Ben ihren Standpunkt. Dafür stützt sie ihre Behauptung (gelb) mit Begründungen (blau) und Beispielen (grün). Ihre Meinung ist jetzt für Ben besser nachvollziehbar. Auch zeigt sie ihm Gründe auf, die ihn von ihrer Meinung überzeugen sollen. Es ist ihr Ziel, ihn zum Umdenken zu bewegen. Das sieht man auch daran, dass sie zwei gute Gründe für das Fahrrad nennt. Diese veranschaulicht sie danach jeweils mit einem oder zwei Beispielen.

Behauptung	Ines denkt, Ben soll mit dem Fahrrad zur Arbeit fahren.
Begründungen	Gesundheit, Kostenersparnis
Beispiele	Bewegung (Gesundheit), Sparen von Fitnessstudio- und Benzinkosten (Kostenersparnis)

Aufgaben

1. Formuliere Bens Standpunkt aus. Gib hierfür ebenfalls zwei Begründungen mit mindestens je einem Beispiel an.
2. Ordne anschließend die Behauptung, Begründungen und die Beispiele in die dafür vorgesehenen Felder ein (direkt darunter).

Bens Standpunkt

Behauptung	
Begründungen	
Beispiele	

Aufgabe

Formuliere einen Standpunkt zu einem der folgenden Themen:

- Soziale Netzwerke: Chance oder Risiko?
- Körperschmuck: Ausdruck der Persönlichkeit oder unnötig?
- Fleisch essen oder vegetarisch/vegan leben?

5 Sich an Gesprächsregeln halten

5.1 Gesprächsregeln benennen

Bei Gesprächen mit anderen Personen kann vieles schief gehen. Beleidigungen, gegenseitiges Anschreien oder sogar Handgreiflichkeiten können Folge einer gestörten Kommunikation sein. Um eine angenehme Gesprächsatmosphäre herzustellen, sind deshalb bestimmte Regeln von den Gesprächsteilnehmern zu beachten. Hält man sich an diese, kann man vermeiden, dass sich die andere Person schlecht fühlt. Auch sind diese Regeln Ausdruck der Wertschätzung des Gegenübers. Sie zeugen von Höflichkeit und Respekt.

Aufgaben

Situation: Du hast in den letzten Wochen sehr oft den Unterricht geschwänzt und wirst die Abschlussprüfung wahrscheinlich nicht bestehen. Deine Eltern wissen noch nichts davon. Du erzählst deiner besten Freundin/deinem besten Freund von deinen Problemen.

1. Nenne 5 Verhaltensweisen, wie deine Freundin/dein Freund sich in dem Gespräch *auf gar keinen Fall* verhalten sollte. Trage diese in die Tabelle ein.

So sollte man sich nicht verhalten:	
1.	
2.	
3.	
4.	
5.	

2. Notiere davon ausgehend Verhaltensweisen, die du in einem Gespräch von deinem Gesprächspartner erwarten würdest.
3. Notiere Gesprächsregeln, die für dich wichtig sind.
4. Einigt euch im Klassengespräch auf fünf wichtige Gesprächsregeln. Trage diese in das folgende Schaubild ein.
5. Übertragt diese Gesprächsregeln auf ein Plakat. Hängt das Plakat an einem gut sichtbaren Ort in eurer Klasse auf.

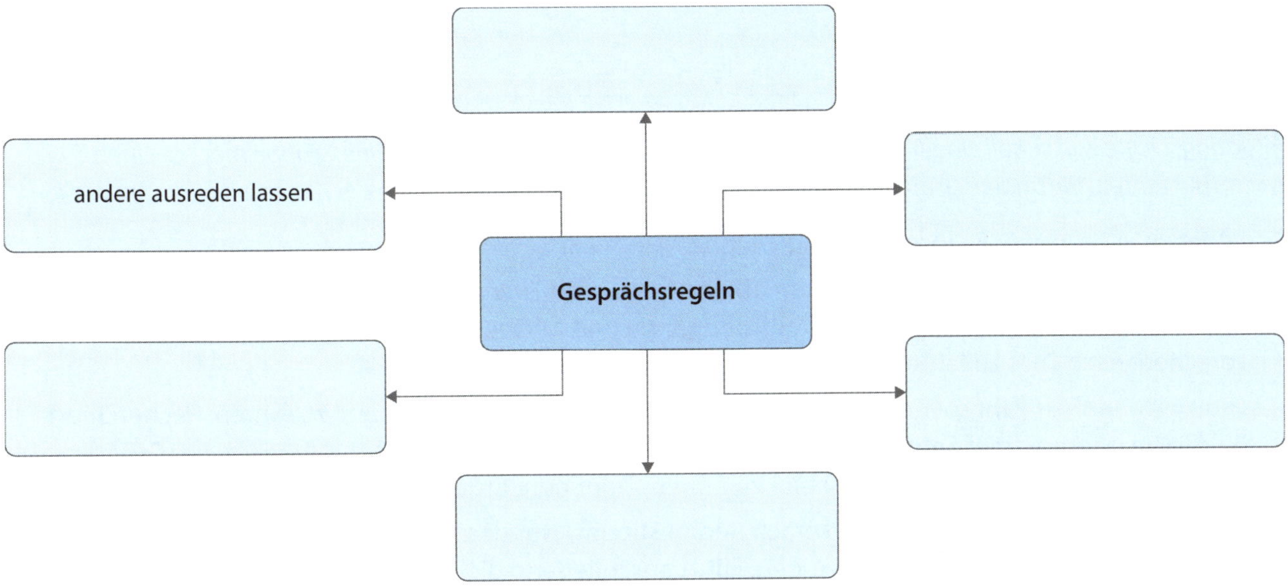

Gesprächsregeln gelten nicht nur dann, wenn man sich mit einem Freund oder einer Freundin unterhält. Auch bei offiziellen Anlässen oder während des Unterrichts sollten sie befolgt werden. Deshalb ist es wichtig, dass sich alle in der Klasse konsequent an die festgelegten Regeln halten. Nur so kann zusammen konzentriert gearbeitet werden.

© Kzenon – stock.adobe.com

Aufgaben

1. Wählt in der Klasse zwei Personen, die während des Unterrichts auf die Einhaltung der Gesprächsregeln achten.
2. Überlegt euch Maßnahmen (Konsequenzen, „Strafen"), die bei Missachtung der Gesprächsregeln während des Unterrichts gelten.

Verantwortliche Personen	1. ____________________ ____________________ 2. ____________________ ____________________
Maßnahmen bei Missachtung	■ ____________________ ____________________ ■ ____________________ ____________________

5.2 Mit anderen diskutieren

Aufgaben

<u>Situation:</u> Deine Klasse soll eine Abschlussfahrt planen. Es gibt zwei Vorschläge. Eine Gruppe möchte einen Tag nach Trier fahren, die andere Gruppe nach Mannheim. Zwei Schüler/Schülerinnen der Klasse leiten die Diskussion.

1. Bildet zwei Gruppen: Gruppe Trier und Gruppe Mannheim.

   Gruppe Trier: Ihr sollt eure Klasse davon überzeugen, nach Trier zu fahren. Recherchiert hierfür im Internet über Sehenswürdigkeiten, Stadtrundgänge und Museen. Überlegt <u>vier Gründe</u>, welche dafür sprechen, nach Trier zu fahren. Tragt eure Ergebnisse in die Tabelle ein.

   Gruppe Mannheim: Ihr sollt eure Klasse davon überzeugen, nach Mannheim zu fahren. Recherchiert hierfür im Internet über Sehenswürdigkeiten, Stadtrundgänge und Museen. Überlegt <u>vier Gründe</u>, welche dafür sprechen, nach Mannheim zu fahren. Tragt eure Ergebnisse in die Tabelle ein.

   Moderatoren: Ihr moderiert das Gespräch und bestimmt, wer das Rederecht hat. Achtet darauf, dass die Gesprächsregeln eingehalten werden. Führt anschließend die Abstimmung durch, zählt die Stimmen aus und notiert diese für alle sichtbar.
2. Bestimmt zwei Personen aus eurer Gruppe, welche die Ergebnisse vor der Klasse präsentieren. Stellt der Klasse anschließend eure Ergebnisse vor.
3. Die Klasse stimmt nun über das Ziel der Abschlussfahrt ab.
4. Reflektiere das Abstimmungsergebnis. Erkläre, welche Gründe überzeugender und welche weniger überzeugend waren.

Was für Trier spricht …	Was für Mannheim spricht …
 © Sina Ettmer – stock.adobe.com	 © Christina Aurora – stock.adobe.com
1.	1.
2.	2.
3.	3.
4.	4.

6 Mit anderen Personen angemessen kommunizieren

Unsere Sprache unterscheidet sich, je nach dem, mit wem wir reden. Je nach Gesprächspartner sollte man also seine Worte genau wählen. Wie man miteinander redet, ist abhängig von der Situation und den beteiligten Personen. In einem Vorstellungsgespräch muss man sich anders ausdrücken als in der Mittagspause im Pausenraum. In manchen Kulturen werden die Eltern beispielsweise mit „Sie" angeredet. Das vermittelt ihnen den besonderen Respekt der Kinder. Auch redet man mit den Arbeitskollegen normalerweise anders als etwa mit den Geschwistern.

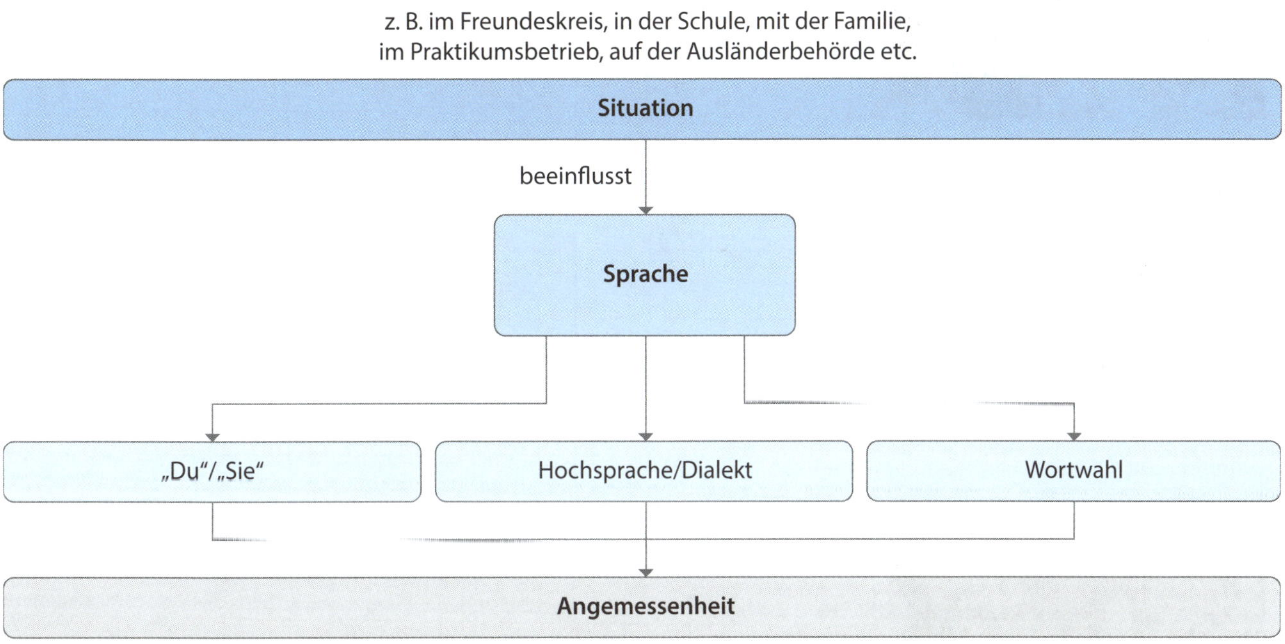

VORSICHT

Im privaten Bereich gelten andere Regeln als in der Öffentlichkeit, im Betrieb oder in der Schule. Dort werden Begriffe, die man zum Beispiel im Gespräch mit den Freunden verwendet, oft nicht gern gesehen.

Aufgabe

Erkläre anhand der Kriterien in der folgenden Tabelle, wie du mit der jeweiligen Person angemessen kommunizieren kannst. Trage deine Ergebnisse dort ein.

Person	„Du" oder „Sie"?	Hochsprache oder Dialekt?	Wortwahl
 © drubig-photo – stock.adobe.com Partner/Partnerin			
 © Robert Kneschke – stock.adobe.com Vorgesetzter/Vorgesetzte			
 © Racle Fotodesign – stock.adobe.com Lehrerin			
 © DDrockstar – stock.adobe.com Freundinnen			
 © PropCop Effects – stock.adobe.com Polizist/Polizistin			
 © Racle Fotodesign – stock.adobe.com Großmutter			

Aufgaben

1. Ordne die folgenden Begriffe einer Situation zu, in welcher der Begriff verwendet werden könnte.
   - *cringe*
   - *Alder*
   - *yallah*
   - *Digger*
   - *Bro*

2. Nenne für jeden der Begriffe zwei Alternativen.

Begriff	Alternativen
cringe	▪ fremdschämen ▪ Unbehagen
Alder	▪ ▪
yallah	▪ ▪
Digger	▪ ▪
Bro	▪ ▪

3. Beschreibe, was noch wichtig für die Kommunikation in der jeweiligen Situation sein könnte. Formuliere Regeln.

4. Erkläre, wodurch sich für dich noch höfliche Umgangsformen auszeichnen.

7 Anderen Personen aktiv zuhören

7.1 Aktives Zuhören – Was ist das?

© Cello Armstrong – stock.adobe.com

© coldwaterman – stock.adobe.com

© ArTo – stock.adobe.com

Aufgaben

1. Beschreibe die abgebildeten Situationen.
2. Erkläre, warum die Personen in diesen Situationen ganz besonders gut zuhören müssen.

Zuhören will gelernt sein. Es geht dabei nicht nur darum, Informationen aufzunehmen, sondern auch „zwischen den Zeilen zu lesen“. Gute Zuhörer werden von ihren Freunden oft als besonders vertrauensvoll und einfühlsam eingeschätzt. Doch nicht nur im Privatleben ist es von Vorteil, gut zuzuhören. Auch im Berufsleben kommt es oft darauf an, Botschaften zu verstehen. Im handwerklichen Bereich ist die Anweisung des Vorgesetzten oftmals entscheidend für die Qualität der Ausführung eines Arbeitsgangs. In der Pflege oder Erziehung ist das Zuhören sogar ein bedeutender Teil des Tätigkeitsprofils.

© thingamajiggs – stock.adobe.com

Aktives Zuhören

Gesprächspartner 1

- redet
- vertraut sich an
- gibt Einblicke in sein Inneres
- offenbart sich

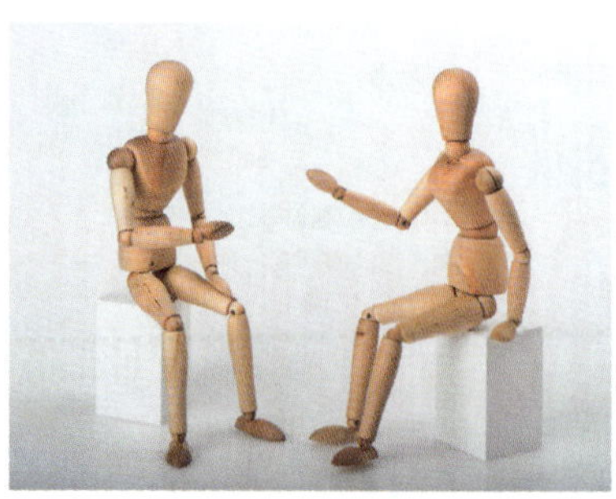

© C. Schüßler – stock.adobe.com

Gesprächspartner 2

- hört zu
- schweigt
- ist unvoreingenommen
- ist interessiert
- zeigt Verständnis

Aufgaben

1. Beschreibe eine Situation aus deinem Alltag, bei der es zu einem Missverständnis gekommen ist.
2. Beschreibe, wie man einer Person signalisieren kann, dass man gut zuhört.
3. Erkläre, worauf es beim Zuhören ankommt, wann Zuhören „gelingt".
4. Nenne Techniken, die man beim aktiven Zuhören nutzen kann:
   - verbal
   - non-verbal
5. Erkläre, welche Ziele mit dem aktiven Zuhören verfolgt werden können.

7.2 Techniken des aktiven Zuhörens anwenden

Wenn man seinem Gegenüber gut zuhört, vermeidet man Missverständnisse, die sich später zu einem Streit oder größeren Konflikt entwickeln können. Einfühlungsvermögen ist wichtig, um enge Kontakte mit anderen Personen zu pflegen. In Freundschaften, Beziehungen oder in Gesprächen mit Arbeitskollegen oder Kunden kann es dabei hilfreich sein, einige Techniken des aktiven Zuhörens anzuwenden. Dies signalisiert, dass man sich für den Gesprächspartner interessiert und sich in dessen Situation hineinversetzen kann. Es treten weniger Konflikte auf, die durch Missverständnisse verursacht werden. Außerdem zeigt dies Wertschätzung dem anderen gegenüber. Solche Techniken lassen sich einüben:

- Unklarheiten und Missverständnisse klären
  Wenn man in einem Gespräch etwas nicht verstanden hat oder sich nicht sicher ist, sollte man stets nachfragen.
  Beispiel: *„Habe ich dich richtig verstanden, dass ..."*
- Wiederholung von Inhalten in eigenen Worten
  Der Zuhörer fasst während des Gesprächs die Gesprächsinhalte immer wieder in eigenen Worten zusammen. So zeigt er, dass er sich die wichtigsten Botschaften des Gesprächspartners gemerkt hat.
  Beispiel: *„Du hast gesagt, dass ..."*
- Rückfragen stellen
  Durch Fragen kann man während einer Unterhaltung bestimmten Zusammenhängen auf den Grund gehen. Deshalb bietet es sich an, seinem Gegenüber immer wieder Rückfragen zu stellen. So lernt man die Person auch besser kennen und kennt die Beweggründe ihres Handelns. Man kann sich also ein besseres Bild von der Situation machen und deshalb besser mitreden.
  Beispiele: *„Wie hast du an dieser Stelle reagiert?", „Was waren die Gründe für deine Entscheidung?", „Gab es vorher auch schon solche Situationen?", „Möchtest du mir davon erzählen?"*
- Gefühle spiegeln
  Beispiele: *„Ich denke, du hast dich in dieser Situation sehr einsam gefühlt.", „Das muss sehr anstrengend gewesen sein.", „Ich verstehe, dass dich das wütend gemacht hat."*

  Merke: Aktives Zuhören erfolgt neutral. Man ist nicht dazu verpflichtet, einer Position zuzustimmen oder diese abzulehnen.

Aktives Zuhören – Regeln und Techniken

Situationen

- In Gesprächen mit dem Partner, Freunden und Verwandten
- In Gesprächen mit Arbeitskollegen, Vorgesetzten, Vereinskollegen etc.

Vorteile

- Konflikte vermeiden
- Einfühlungsvermögen und Verständnis für die andere Person zeigen

Regeln

- Wohlfühlatmosphäre schaffen
- Person aussprechen lassen
- Aufmerksamkeit behalten
- In die Augen schauen

Techniken

- Unklarheiten und Missverständnisse klären
- Wiederholung von Inhalten in eigenen Worten
- Rückfragen stellen
- Gefühle spiegeln

Aufgaben

- Überlege dir ein besonderes Erlebnis (z. B. Familienfeier, besonderer Erfolg, Ausflug, Reise, Sportereignis). Notiere dir Stichpunkte, wie das Erlebnis abgelaufen ist.
- **Gruppenarbeit:**
  Setzt euch zusammen in Gruppen zu je drei Personen. Es gibt drei Rollen: Erzähler, Zuhörer und Beobachter.
  Der *Erzähler* berichtet dem Zuhörer möglichst genau von seinem Erlebnis.
  Der *Zuhörer* hört dem Erzähler aufmerksam zu. Er wendet dabei mindestens zwei Techniken des aktiven Zuhörens an.
  Der *Beobachter* notiert, welche Techniken verwendet wurden. Dazu schreibt er, wie die Techniken zum Gesprächsablauf beigetragen haben.

  Reflektiert anschließend in der Gruppe. Orientiert euch an folgenden Fragen:
  Erzähler: Wie hat sich das aktive Zuhören angefühlt? Habe ich einen Unterschied gemerkt?
  Zuhörer: Welche Schwierigkeiten haben sich durch das aktive Zuhören ergeben? Wie hat das aktive Zuhören meine Wahrnehmung von meinem Gesprächspartner beeinflusst?
  Beobachter: Welche Techniken haben das Gespräch beeinflusst? Wie wurde das Gespräch durch das aktive Zuhören beeinflusst?
- Teilt eure Ergebnisse anschließend mit der Klasse.

8 Texte vorlesen

8.1 Vorlesen im beruflichen Umfeld

Der kleinen Schwester oder dem kleinen Bruder eine Geschichte vorzulesen, gehört für viele Schüler/Schülerinnen zum Alltag. Doch nicht nur privat oder in der Schule wird vorgelesen. Auch in vielen Berufen ist das Vorlesen eine Tätigkeit, die oft anfällt. Zum Beispiel wird Kindergartenkindern häufig vorgelesen. Auch etwa in der ambulanten Pflege freuen sich Senioren, die nicht mehr so gut sehen können, wenn man ihnen zum Beispiel aus der Zeitung vorliest. Damit das Vorlesen den Zuhörern nicht langweilig wird, sollte man es üben.

© Gina Sanders – stock.adobe.com

© Robert Kneschke – stock.adobe.com

Aufgaben

1. Beschreibe die abgebildeten Situationen.
2. Erkläre, weshalb es bei den Situationen notwendig ist, den Zuhörern vorzulesen.
3. Nenne weitere private und berufliche Situationen, bei denen etwas vorgelesen wird.

8.2 Regeln beim Vorlesen beachten

Regel		Erläuterung
Vortrag an die Zuhörer anpassen	 © Robert Kneschke – stock.adobe.com	■ Bei Kindern die Stimme verstellen ■ Bei schwerhörigen Menschen langsam und laut vorlesen
Angenehme Lesegeschwindigkeit wählen	 © LariBat – stock.adobe.com	■ nicht zu schnell und nicht zu langsam ■ an geeigneten Stellen Pausen machen
Lautstärke regulieren	 © OLIVEIA – stock.adobe.com	■ je nach Raum und Gruppengröße der Zuhörer ■ je nach Alter der Zuhörer

Regel		Erläuterung
Auf eine deutliche Aussprache achten		■ jede Silbe sprechen ■ laut und deutlich reden
Auf die Betonungen achten		■ vor Komma (,): Stimme anheben ■ nach Semikolon (;): Pause machen ■ nach Satzende (., !, ?): Pause machen ■ Wörtliche Rede in Anführungszeichen („"): Betonung an die Situation, Person, Figur oder Gefühle anpassen
Den Blick immer wieder Richtung Zuhörer wenden		■ Während man liest, sollte man immer ins Publikum schauen. ■ So erreicht man eine Verbindung zwischen dem Leser und den Zuhörern.
Zum Text passende Mimik und Gestik einsetzen		■ Man kann den vorgelesenen Inhalt mit passender Körpersprache veranschaulichen. ■ Wenn es in einem Text z. B. spannend ist, kann man seine Stimme verstellen, sodass man diese Spannung noch verstärkt.
Nur in Lesepausen atmen		■ Während des Lesens das Atmen vermeiden. ■ Nach einem Satz und in Sprechpausen darf geatmet werden.

Situation: Du machst ein Praktikum in einer Kindertageseinrichtung. In deiner Gruppe ist das Projekt „Tiergeschichten" geplant. Dabei sollst du den Kindern die „Kleine Fabel" von Franz Kafka sowie das Märchen „Hänsel und Gretel" näherbringen.

© ZMD-Design – stock.adobe.com

Franz Kafka (1883–1924) war ein deutschsprachiger Schriftsteller, der mit zahlreichen Erzählungen bekannt wurde. Die besondere Atmosphäre in seinen Werken wird mit dem Begriff „kafkaesk" bezeichnet.

© Anna – stock.adobe.com

© wowinside – stock.adobe.com

Die Gebrüder Jacob (1785–1863) und Wilhelm Grimm (1786–1859) sind vor allem bekannt für ihr deutsches Wörterbuch sowie für die „Kinder- und Hausmärchen", die sie zwischen 1812 bis 1858 veröffentlichten. Die Märchen beinhalten häufig phantastische Elemente und behandeln menschliche Themen und Probleme.

Aufgaben

1. Mache dir Notizen, worauf es beim Vorlesen der „Kleinen Fabel“ ankommt bzw. worauf zu achten ist.
2. Lies den Text „Kleine Fabel“ von Franz Kafka angemessen vor. Achte dabei vor allem auf die folgenden Aspekte:
   - Betonungen
   - Gestaltung der wörtlichen Rede
3. Beschreibe Wirkungen, die durch Betonungen beeinflusst werden können. Achte dabei vor allem auf die wörtliche Rede.
4. Lies deinem Banknachbarn die „kleine Fabel“ bzw. „Rotkäppchen“ vor. Der Banknachbar teilt dir mit, wie ihm der Vortrag gefallen hat.
5. Ein Schüler/eine Schülerin liest die „Kleine Fabel“ und ein Schüler/eine Schülerin liest „Rotkäppchen“ in der Klasse vor. Reflektiert anschließend gemeinsam die Vorträge.
6. Erkläre, was jeweils mit den Texten ausgedrückt werden könnte.
7. Erkläre, zu welchen Anlässen die Texte „Kleine Fabel“ und „Rotkäppchen“ geeignet sein könnten.
8. Erkläre, ob du die beiden Texte für eine Lektüre im Kindergarten als sinnvoll ansehen würdest. Begründe deine Meinung.

Kleine Fabel (1920) – Franz Kafka

„Ach“, sagte die Maus, „die Welt wird enger mit jedem Tag. Zuerst war sie so breit, dass ich Angst hatte. Ich lief weiter und war glücklich, dass ich endlich rechts und links in der Ferne Mauern sah. Aber diese langen Mauern eilen so schnell aufeinander zu, dass ich schon im letzten Zimmer bin, und dort im Winkel steht die Falle, in die ich laufe.“ – „Du musst nur die Laufrichtung ändern“, sagte die Katze und fraß sie.

8.3 Ein Märchen vorlesen: Rotkäppchen

© Leon – stock.adobe.com

Es war einmal ein kleines, süßes Mädchen, das hatten alle lieb, die es nur ansahen, am allerliebsten aber hatte es seine Großmutter; die wusste gar nicht, was sie alles dem Kind geben sollte. Einmal schenkte sie ihm ein Käppchen aus rotem Samt, und weil ihm das so gut stand und es nichts anderes mehr tragen wollte, hieß es nur noch das Rotkäppchen.

Eines Tages sprach seine Mutter zu ihm: „Komm, Rotkäppchen, da hast du ein Stück Kuchen und eine Flasche Wein, bring das der Großmutter hinaus; sie ist krank und schwach und wird sich daran erfreuen. Sei artig und lauf nicht vom Weg ab, sonst fällst du und zerbrichst die Flasche, und die Großmutter hat nichts. Und wenn du in ihre Stube kommst, so vergiss nicht guten Morgen zu sagen, und guck nicht erst in allen Ecken herum."

„Ich will schon alles gut machen", sagte Rotkäppchen zur Mutter und gab ihr die Hand darauf. Die Großmutter aber wohnte draußen im Wald, eine halbe Stunde vom Dorf. Als Rotkäppchen nun in den Wald kam, begegnete ihm der Wolf. Rotkäppchen aber wusste nicht, was das für ein böses Tier war, und fürchtete sich nicht vor ihm. „Guten Tag, Rotkäppchen", sprach er. – „Schönen Dank, Wolf." – „Wo hinaus so früh, Rotkäppchen?" – „Zur Großmutter." – „Was trägst du unter der Schürze?" – „Kuchen und Wein; gestern haben wir gebacken, damit soll sich die kranke und schwache Großmutter stärken." – „Rotkäppchen, wo wohnt deine Großmutter?" – „Noch eine gute Viertelstunde weiter im Wald, unter den drei großen Eichbäumen, da steht ihr Haus; unten sind die Nusshecken, das wirst du ja wissen", sagte Rotkäppchen. Der Wolf dachte bei sich: „Das junge, zarte Ding, das ist ein fetter Bissen, der wird noch besser schmecken als die Alte. Du musst es listig anfangen, damit du beide schnappst." Da ging er ein Weilchen neben Rotkäppchen her, dann sprach er: „Rotkäppchen, sieh einmal die schönen Blumen, die rings umher stehen, warum guckst du dich nicht um? Ich glaube, du hörst gar nicht, wie die Vöglein so lieblich singen! Du gehst ja für dich hin, als wenn du zur Schule gingst, und es ist so lustig draußen im Wald.

Rotkäppchen schlug die Augen auf, und sah, wie die Sonnenstrahlen durch die Bäume hin und her tanzten und alles voll schöner Blumen stand. Da dachte es: „Wenn ich der Großmutter einen frischen Strauß mitbringe, wird sie sich darüber freuen. Es ist noch früh am Tag, so dass ich doch zur rechten Zeit ankomme", lief vom Weg ab in den Wald hinein und suchte Blumen. Und wenn es eine gepflückt hatte, meinte es, weiter hinaus stünde eine schönere, und lief danach und geriet immer tiefer in den Wald hinein. Der Wolf aber ging geradewegs zum Haus der Großmutter und klopfte an die Tür. „Wer ist draußen?" – „Rotkäppchen, das bringt Kuchen und Wein, mach auf." – „Drück nur auf die Klinke", rief die Großmutter, „ich bin zu schwach und kann nicht aufstehen." Der Wolf drückte auf die Klinke, die Tür sprang auf, und er ging ohne ein Wort zu sprechen, gerade zum Bett der Großmutter und verschluckte sie. Dann zog er ihre Kleider an, setzte ihre Haube auf, legte sich in ihr Bett und zog die Vorhänge zu.

Rotkäppchen aber war nach den Blumen herumgelaufen und erst als es so viele zusammen hatte, dass es keine mehr tragen konnte, fiel ihm die Großmutter wieder ein, und es machte sich auf den Weg zu ihr. Es wunderte sich, dass die Tür offen stand, und wie es in die Stube kam, sah es so seltsam darin aus, dass es dachte: „Ei, du mein Gott, wie ängstlich wird es mir heute zumute, und bin sonst so gern bei der Großmutter!" Es rief: „Guten Morgen!", bekam aber keine Antwort. Darauf ging es zum Bett und zog die Vorhänge zurück. Da lag die Großmutter und hatte die Haube tief ins Gesicht gesetzt und sah so wunderlich aus. „Ei, Großmutter, was hast du für große Ohren?" – „Dass ich dich besser hören kann!" – „Ei, Großmutter, was hast du für große Augen?" – „Dass ich dich besser sehen kann!" – „Ei, Großmutter, was hast du für große Hände?" – „Dass ich dich besser packen kann." – „Aber, Großmutter, was hast du für ein entsetzlich großes Maul?" – „Dass ich dich besser fressen kann." Kaum hatte der Wolf das gesagt, so tat er einen Satz aus dem Bett und verschlang das arme Rotkäppchen.

Als der Wolf den fetten Bissen verschlungen hatte, legte er sich wieder ins Bett, schlief ein und fing an, laut zu schnarchen. Der Jäger ging eben an dem Haus vorbei und dachte: „Wie die alte Frau schnarcht! Du musst doch einmal nach ihr sehen.“ Da trat er in die Stube, und als er vor das Bett kam, sah er, dass der Wolf darin lag. „Finde ich dich hier, du alter Sünder“, sagte der Jäger, „ich habe dich lange gesucht.“ Nun wollte er sein Gewehr anlegen, da fiel ihm ein, der Wolf könnte die Großmutter verschlungen haben, und vielleicht ist sie noch zu retten. Er schoss nicht, sondern nahm eine Schere und fing an, dem schlafenden Wolf den Bauch aufzuschneiden. Als er ein paar Schnitte gemacht hatte, sah er das rote Käppchen leuchten, und noch ein paar Schnitte, da sprang das Mädchen heraus und rief:

„Ach, wie war ich erschrocken, wie war‘s so dunkel in dem Bauch des Wolfes!“ Und dann kam die Großmutter auch noch lebendig heraus und konnte kaum atmen. Rotkäppchen aber holte große, schwere Steine, damit füllten sie dem Wolf den Leib, und als er aufwachte, wollte er fortlaufen, aber die Steine waren so schwer, dass er gleich niedersank und tot umfiel. Da waren alle drei glücklich, der Jäger zog dem Wolf den Pelz ab, die Großmutter aß den Kuchen und trank den Wein, den Rotkäppchen gebracht hatte, und erholte sich wieder, Rotkäppchen aber dachte: „Du willst dein Lebtag nicht wieder allein vom Weg ab in den Wald laufen, wenn es dir die Mutter verboten hat.“

Quelle: https://www.goethe.de/lrn/prj/mlg/mad/gri/de9114344.htm

9 Texte lesen

Aufgaben

1. Nenne deine Leibspeise. Erkläre deiner Klasse, wie man das Gericht zubereitet.
2. Nenne Speisen, die du als „typisch deutsch" bezeichnen würdest. Welche würdest du als typisch französisch, türkisch, ukrainisch, arabisch ... bezeichnen?
3. Lies den Text „Geheimnisse der deutschen Küche" laut vor. Achte auf die Regeln beim Vorlesen.

Geheimnisse der deutschen Küche (Dana Regev)

Deutschland zählt nicht unbedingt zu den Ländern, die für ihre gute Küche bekannt sind. Hat die deutsche Küche mehr zu bieten als Sauerkraut und Bratwurst? Ob Frankreich, Mexiko oder Vietnam – viele Länder stehen im Ruf, eine gute Küche zu haben. (...) Deshalb fragte ich mich: Gibt es sie überhaupt, die deutsche Küche? Und was hat sie zu bieten?

Chefkoch Joachim Wissler, der eins von insgesamt zehn deutschen Restaurants mit drei Michelin-Sternen betreibt, weiß, warum Deutschland nicht unbedingt den besten Ruf für Kulinarik genießt. „Die deutsche Spitzenküche wird in Bezug auf Qualität und handwerkliches Können völlig unterschätzt. Sie wird sogar auf internationaler Ebene missverstanden", so Wissler in einem Interview mit der Hotel- und Gastronomiezeitung „ahgz". (...)

Allerdings sind viele berühmte deutsche Gerichte zugegebenermaßen einfach: blass. Vom Kartoffelsalat (...) bis hin zum Sauerkraut. Was für eine Farbenpracht erlebt man dagegen bei Gerichten wie dem indischen Thali oder dem Hawaiianischen Poke. (...)

Nehmen wir den hellen Spargel, die Deutschen sind von ihm besessen. Oder das aus Süddeutschland bekannte Gericht Käsespätzle, Kurznudeln mit geriebenem Käse, sowie die traditionellen Knödel, runde Teigkugeln aus Semmelbröseln oder Kartoffeln. Ihr Geschmack ist so einmalig und abwechslungsreich, dass es sogar Restaurants in Berlin gibt, die nur dieses eine Gericht im Angebot haben.

Als Vegetarierin finde ich auf der Speisekarte deutscher Restaurants nur wenige Gerichte. Trotzdem lohnt es sich, Experimenten gegenüber aufgeschlossen zu sein. Ich dachte zum Beispiel, dass aus einem faden Gemüse wie Kohl nichts Gutes herauskommen kann. Mit meinem ersten Bissen Kohlroulade – fermentierte Kohlblätter um verschiedene Füllungen gewickelt – wurde mir klar, dass ich einem Irrtum aufgesessen war.

Dasselbe gilt für Kartoffeln: Seit ich in Deutschland bin, habe ich sehr viele tolle Kartoffelgerichte kennengelernt: Reibekuchen, je nach Region auch Kartoffelpuffer genannt, werden oft auf Straßen- und Weihnachtsmärkten verkauft. Auch die sächsischen Quarkkäulchen – kleine Pfannkuchen aus Kartoffeln und Quark, mit Zimt oder Rosinen bestreut und mit Zucker und Früchten serviert – zählen zu meinen Neuentdeckungen an Kartoffelvarianten. (...)

Viele Nationalgerichte, die weltweite Berühmtheit erlangt haben, wie der Wurstsalat aus Franken, die Grüne Soße aus Hessen oder der bayerische Leberkäse, stammen eigentlich aus einzelnen Regionen. Um die deutsche Küche wirklich kennenzulernen, muss man also etwas mehr als nur den Berliner Stadtteil Kreuzberg oder das Oktoberfest in München besuchen.

Quelle: https://www.dw.com/de/deutsche-k%C3%BCche-meet-the-germans/a-54959479

10 Informationen aus Texten entnehmen

10.1 Sich mit einem Text vertraut machen

Aufgaben

1. Lies den Text „Geheimnisse der deutschen Küche" erneut.
2. Markiere die unten abgebildeten Speisen und Lebensmittel in je einer eigenen Farbe.
3. Suche im Internet ein Rezept zu den abgebildeten Speisen und Lebensmitteln.

© Oleksandr – stock.adobe.com

© Andrea – stock.adobe.com

© Martin Rettenberger – stock.adobe.com

© Rhönbergfoto – stock.adobe.com

© Juefrateam – stock.adobe.com

Aufgaben

1. Notiere unbekannte Begriffe aus dem Sachtext „Geheimnisse der deutschen Küche“ und schlage diese in einem Wörterbuch nach oder gib sie in eine Suchmaschine ein.
2. Markiere Schlüsselbegriffe.
3. Beantworte die folgenden Fragen zum Text. Gib dabei auch immer die Zeile(n) an, in der/denen du die Inhalte im Text gefunden hast.
   - Nenne Länder, die für ihre gute Küche bekannt sind. Recherchiere Speisen, für die das jeweilige Land bekannt ist.
   - Erkläre, was mit dem Begriff „blass“ im Zusammenhang mit der deutschen Küche gemeint sein könnte.
   - Nenne bekannte deutsche Gerichte, die im Text genannt werden. Suche für jedes Gericht Bilder im Internet heraus und beschreibe diese.
   - Erkläre, weshalb manche Restaurants nur ein einziges Gericht auf der Speisekarte haben.
   - Erkläre, wie es der Autorin Dana Regev in Deutschland als Vegetarierin ergeht.
   - Nenne bekannte Orte, an denen in Deutschland Kartoffelgerichte serviert werden (z. B. Kartoffelpuffer)
   - Beschreibe, was man tun sollte, um die deutsche Küche richtig kennenzulernen.
4. Partnerarbeit: Formuliert drei weitere Fragen an den Text. Der Banknachbar beantwortet diese anschließend.

10.2 Lesetechniken

Beim Lesen von Texten können nicht alle Informationen auf Anhieb verarbeitet werden. Manche Schüler/Schülerinnen tun sich auch damit schwer, Texte beim ersten Lesen zu verstehen. Deshalb ist es wichtig, dass man Methoden kennt, mit denen man Texte besser verstehen kann. Zum Markieren von Textstellen benutzt man am besten Textmarker (eine oder verschiedene Farben) und einen Bleistift zum Unterstreichen.

5-Schritt-Lesemethode

Schritt	Was ist zu tun?	
1	**Text lesen und Überblick verschaffen** ■ erster Einblick in die Thematik	 © Wellnhofer Designs – stock.adobe.com

2	**Text erneut lesen** ■ Unbekannte Begriffe notieren und nachschlagen ■ Unklarheiten mit Fragezeichen versehen ■ Fragen zum Text stellen (Wer?, Wann?, Wo?, Was?, Wie?)	 © Mumpitz – stock.adobe.com
3	**Kernaussagen erfassen** ■ Markieren von Schlüsselbegriffen ■ Markieren von wichtigen Textstellen	 © Racle Fotodesign – stock.adobe.com
4	**Text in Sinnabschnitte gliedern und Überschriften finden** ■ Text in Sinnabschnitte einteilen ■ Für jeden Sinnabschnitt eine Überschrift formulieren	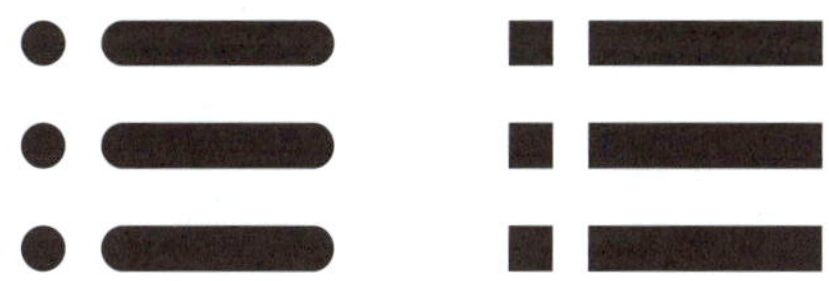 © Andrey – stock.adobe.com
5	**Sinnabschnitte eigensprachlich zusammenfassen** ■ Jeden Sinnabschnitt mit eigenen Worten wiedergeben ■ Die wichtigsten Aussagen des Textes formulieren	 © contrastwerkstatt – stock.adobe.com

Aufgabe

Bearbeite den Sachtext „Geheimnisse der deutschen Küche" mit der 5-Schritt-Lesemethode.

10.3 Exzerpt-Methode

Beim Exzerpieren wird der Text, den man liest, in der Reihenfolge seiner Inhalte in eigenen Worten stichwortartig zusammengefasst. Dazu hat man verschiedene Möglichkeiten, einzelne Inhalte hervorzuheben:

- Farben
- Symbole
- Markierungen
- Querverweise
- Zeichnungen
- etc.

Beispiel
Geheimnisse der deutschen Küche

- Deutschland *nicht für gute Küche* bekannt
- deutsche Küche mehr als nur Sauerkraut und Bratwurst
- andere Länder mit *besserem* Ruf
- **Was ist deutsche Küche?**

Aufgaben

1. Nenne Elemente, die zur Gestaltung des oben abgebildeten Exzerpts verwendet wurden.
2. Vervollständige das Exzerpt zu dem Sachtext „Geheimnisse der deutschen Küche".

10.4 Mindmap-Methode

Eine Mindmap ist eine „Gedankenlandkarte". Darin werden Zusammenhänge aus einem Text grafisch dargestellt. Mindmaps verfügen in der Regel über mehrere Gliederungsebenen, die man mit verschiedenen Umrahmungen kennzeichnen kann (z. B. Kreise, Kästchen, Wolken). Auch können Symbole (z. B. Pfeile, Herzen, Blitze), Farben sowie Zeichnungen verwendet werden, um die Inhalte sinnvoll grafisch darzustellen.

Aufgaben

1. Vervollständige die Mindmap zu dem Sachtext „Geheimnisse der deutschen Küche". Denke daran, sinnvolle Farben, Symbole, Zeichnungen etc. zu ergänzen.
2. Ergänze in der Mindmap noch Aspekte, die dir zu der Thematik einfallen und die nicht im Text stehen.

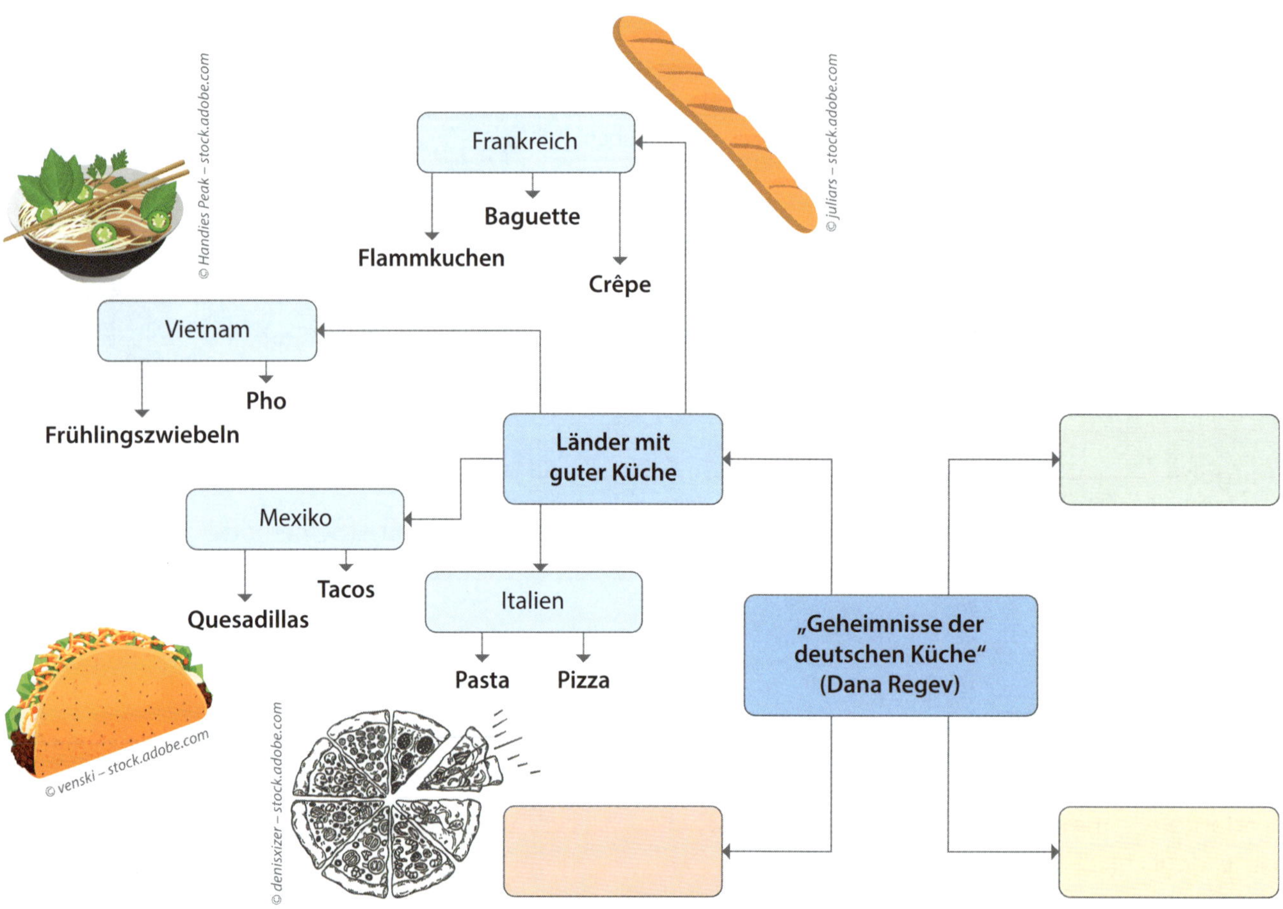

11 Arbeitsaufträge, Operatoren und Schlüsselbegriffe verstehen

11.1 Arbeitsaufträge erfassen

Wenn ein Arbeitsauftrag bearbeitet werden soll, ist es hilfreich, diesen genau zu lesen. Dafür sollte man sich Zeit nehmen, um *Operatoren* und *Schlüsselbegriffe* aus dem Arbeitsauftrag zu entnehmen und am besten zu markieren.

Arbeitsauftrag 1	Nenne Spielgeräte, die auf dem Bild abgebildet sind.	
	Operator: Nenne	Schlüsselbegriffe: Spielgeräte
	Es sollen Spielgeräte *aufgezählt* werden. Das kann in Stichworten erfolgen.	Bei dem Arbeitsauftrag kommt es auf die *Spielgeräte* an. Der Rest des Bildes ist hier unwichtig.
Antwort	Rutsche, Schaukel, Kletterturm, Wippe, Sandkasten etc.	
Arbeitsauftrag 2	Beschreibe den Aufbau des abgebildeten Spielplatzes.	
	Operator: Beschreibe	Schlüsselbegriffe: Aufbau, Spielplatzes
	Der Aufbau des Spielplatzes soll in ganzen Sätzen *beschrieben* werden. Der Text sollte sich auf die wesentlichen Elemente beschränken.	Bei der Beschreibung soll sich auf den *Aufbau des Spielplatzes* beschränkt werden. Die abgebildeten Personen müssen dabei nicht berücksichtigt werden.
Antwort	Der Spielplatz besteht aus mehreren Spielgeräten für Kinder. Dazu gehören etwa einer Rutsche, eine Schaukel, ein Spielturm, eine Wippe oder ein Sandkasten. Auch eine Bank, auf der Eltern Platz nehmen können, wenn sie ihren Kindern beim Spielen zusehen, kann Teil eines Spielplatzes sein. (...)	
Arbeitsauftrag 3	Erkläre, wie man auf dem abgebildeten Spielplatz von der Schaukel zum Sandkasten kommt.	
	Operator: Erkläre	Schlüsselbegriffe: von der Schaukel zum Sandkasten
	Es soll ein konkreter Zusammenhang *erklärt* werden. Dieser soll in ganzen Sätzen möglichst präzise und verständlich ausformuliert werden.	Bei der Erklärung wird sich auf die konkrete Strecke zwischen den angegebenen Spielgeräten beschränkt.
Antwort	Von der Schaukel kommend läuft man zwischen Rutsche auf der linken und Spielturm auf der rechten Seite hindurch. Danach geht man rechts an der Wasserspielanlage und links am Kletternetz vorbei. Bevor man zum Sandkasten kommt, passiert man rechts noch eine Nestschaukel.	

Arbeitsauftrag 4	Erläutere, wie Kinder den abgebildeten Spielplatz nutzen können.	
	Operator	Schlüsselbegriffe
	Erläutern bedeutet, dass man den Sachverhalt *ausführlich erklärt*. Hierbei schreibt man einen längeren Fließtext.	Hier sollen Kindern ausführliche Informationen zu den einzelnen Spielgeräten gegeben werden.
Antwort	Auf dem Spielplatz ist es möglich, einen Spielturm zu benutzen. Hierbei können Kinder eine Kletterwand benutzen, über eine Brücke gehen und danach nach unten rutschen. Daneben steht eine Nestschaukel, die von mehreren Kindern gleichzeitig benutzt werden kann ...	

11.2 Operatoren verstehen

© alphaspirit – stock.adobe.com

© Prathankarnpap – shutterstock.com

© JustLife – stock.adobe.com

Operatoren	**Bedeutung**	**Art und Weise**
nennen/aufzählen	Informationen werden stichwortartig aufgezählt.	Stichworte
beschreiben	Ein Sachverhalt wird sachlich und präzise in eigenen Worten wiedergegeben.	ganze Sätze, knapp
erklären	Die Zusammenhänge eines Sachverhalts werden deutlich gemacht.	ganze Sätze, knapp
darstellen/darlegen	Ein Sachverhalt wird in eigenen Worten beschrieben und die Zusammenhänge erklärt.	ganze Sätze, ausführlich
erläutern	Ein Sachverhalt wird in eigenen Worten beschrieben, die Zusammenhänge erklärt und es werden Beispiele und weitere Anmerkungen angegeben.	ganze Sätze, ausführlich
vergleichen	Zwei Sachverhalte werden in Beziehung zueinander gesetzt. Dabei werden Gemeinsamkeiten und Unterschiede herausgearbeitet.	ganze Sätze, ausführlich
beurteilen/bewerten	Hier soll ein Sachverhalt erklärt werden. Danach werden Vor- und Nachteile und eine begründete eigene Meinung dargelegt.	ganze Sätze, ausführlich
diskutieren	Ein Sachverhalt wird anhand von Vor- und Nachteilen objektiv besprochen.	ganze Sätze, ausführlich

11.3 Operatoren anwenden

© Kevin – stock.adobe.com

Aufgaben

1. Nenne Gegenstände, die auf dem Bild abgebildet sind.
2. Beschreibe das abgebildete Dorf.
3. Erkläre, wie die Häuser auf der rechten Seite des Bildes angeordnet sind.
4. Erläutere, mit welchen Mitteln (Farben, Formgebung, Maltechnik etc.) der Maler des Bildes einzelne Gegenstände dargestellt hat (Kopfsteinpflaster, Blumen, Hauseingänge, Fensterläden, Wetter, Fahrzeuge etc.).
5. Vergleiche das abgebildete Dorf mit deinem Heimatort.
6. Beurteile, ob das abgebildete Dorf als schön bezeichnet werden kann.
7. Diskutiert in eurer Klasse, ob ihr in dem abgebildeten Dorf gerne leben würdet.

Lerngebiet 2: Vorbereitung einer Bewerbung um einen Ausbildungsplatz

1 Berufe kennenlernen
2 Eigene Stärken und Fähigkeiten ermitteln
3 Geeignete Stellenanzeigen finden und analysieren
4 Ein Bewerbungsschreiben verfassen
5 Einen Lebenslauf erstellen
6 Ein Vorstellungsgespräch bewältigen

1 Berufe kennenlernen

1.1 Ausbildungsberufe entdecken

Als Jugendlicher fragt man sich oft, welchen Beruf man zukünftig ausüben möchte. Dabei stellt man fest, dass die Welt der Berufe groß und vielfältig ist. Um den richtigen Ausbildungsberuf zu finden, ist es wichtig, seine Stärken und Interessen zu kennen.

Berufsfelder		
Kunst, Kultur und Gestaltung	Soziales und Pädagogik	Gesundheit
Landwirtschaft, Natur und Umwelt	Verkehr und Logistik	IT und Computer
Medien	Bau, Architektur und Vermessung	Produktion und Fertigung
Metall und Maschinenbau	Dienstleistungen	Technik
Naturwissenschaften	Elektro	Wirtschaft und Verwaltung

Bei Schülerjobs und Praktika kann man erste berufliche Erfahrungen sammeln und typische Arbeitsprozesse kennenlernen. Sie dienen zur Orientierung bei der Berufsfindung in verschiedenen Berufsfeldern.

1.2 Sich auf ein Praktikum vorbereiten

In der Ausbildungsvorbereitung sind mehrere Praktika zu absolvieren. Um geeignete Praktikumsbetriebe zu finden, sollte man sich frühzeitig auf die Suche nach einer geeigneten Stelle machen und sich rechtzeitig bewerben.

Eddy (16) und Daniel (15) unterhalten sich über das bevorstehende Praktikum.

Eddy: „In zwei Monaten steht das Schülerpraktikum an und ich würde so gerne ein Praktikum beim Maler machen. Hoffentlich finde ich einen passenden Praktikumsbetrieb. Hast du dir eigentlich schon Gedanken über dein Praktikum gemacht?"

Daniel: „Nein, ich habe leider noch keine Idee. Ich interessiere mich für Berufe im Handel, könnte mir jedoch auch ein Praktikum in der Pflege vorstellen."

Eddy: „Was hältst du davon, wenn wir uns gemeinsam im Internet zu verschiedenen Berufen und möglichen Praktikumstellen in unserer Nähe informieren? Wir können uns dadurch eine Übersicht verschaffen und uns gleich bewerben."

Daniel: „Das klingt nach einer guten Idee!"

Aufgabe

Erstelle eine Übersicht zu Ausbildungsberufen, die dich interessieren.

- Finde drei Berufe und schreibe sie in die freien Felder. Notiere jeweils zwei typische Arbeitstätigkeiten.
- Nimm eine persönliche Bewertung vor und nummeriere die Berufe. Welcher Beruf gefällt dir am besten?

Beruf: Kfz-Mechatroniker
- Reifen wechseln
- Bremsscheiben erneuern

Tipps zum Thema Ausbildungsberufe

www.whatchado.com/de/matching

www.aubi-plus.de/berufscheck/traum

Nr. ______

Beruf: ______
- ______
- ______

Nr. ______

Beruf: ______
- ______
- ______

Nr. ______

Beruf: ______
- ______
- ______

1.3 Erste Berufserfahrungen machen

Erste Einblicke in das Berufsleben erhält man während eines Schülerjobs oder im Rahmen eines Schulpraktikums.

In der einjährigen Ausbildungsvorbereitung sind mehrere Praktika zu absolvieren. Dabei können Erfahrungen gesammelt werden, die bei der Berufsfindung helfen sollen. Freie Praktikums- und Ausbildungsplätze in seiner Nähe findet man zum Beispiel in einer Tageszeitung, auf Werbeplakaten oder im Internet.

Aufgabe

Lies dir die Praktikumserfahrung von Leon durch und beantworte anschließend die Fragen.
Kreuze die jeweils richtige Antwort an.

Leon (16) berichtet in seiner Klasse von seinem Praktikum:

Ich habe in den Sommerferien freiwillig ein zweiwöchiges Praktikum in der Küche des Restaurants „Hochwälder Landgenuss" in Wadern gemacht. Meine Arbeitszeiten waren von dienstags bis freitags von 16-22 Uhr. Montags ist im Restaurant Ruhetag. Die Chefin, Frau Schmitt, war sehr freundlich und hat mich direkt am ersten Tag allen Mitarbeitern und Mitarbeiterinnen vorgestellt. Am besten habe ich mich mit dem Koch Harald verstanden. Zu meinen Aufgaben gehörten Gemüse putzen und schneiden, Fleisch und Fisch anbraten, Desserts zubereiten sowie Teller anrichten und dekorieren. Bei der Verwendung von Messern musste ich immer vorsichtig sein, um mich nicht zu verletzen. Am Ende eines jeden Arbeitstages habe ich die verwendeten Geräte und Hilfsmittel gereinigt und alles wieder eingeräumt. Danach durfte ich kostenfrei im Restaurant essen. Ich habe so viel gelernt und ich kann es jedem nur empfehlen, ein Praktikum zu machen!

1. Wann hat Leon ein Praktikum gemacht?	☐ Frühjahr	☐ Sommer	☐ Herbst
2. Wo hat er sein Praktikum absolviert?	☐ Friseursalon	☐ Restaurant	☐ Steuerbüro
3. In welcher Stadt hat er sein Praktikum gemacht?	☐ Neunkirchen	☐ Wadern	☐ Dillingen
4. Wie lange dauerte das Praktikum?	☐ eine Woche	☐ 14 Tage	☐ 16 Tage
5. In welchem Beruf hat er ein Praktikum gemacht?	☐ Maler/in	☐ Koch/Köchin	☐ Bäcker/in
6. An welchem Wochentag ist Ruhetag?	☐ Montag	☐ Dienstag	☐ Sonntag
7. Wie waren seine Arbeitszeiten?	☐ 8–12 Uhr	☐ 16–22 Uhr	☐ 10–18 Uhr
8. Wie hieß die Praktikumsbetreuerin von Leon?	☐ Frau Schmitt	☐ Frau Müller	☐ Frau Adams
9. Mit wem hat sich Leon am besten verstanden?	☐ Bianka	☐ Harald	☐ Julian
10. Welche Aufgaben hatte er?	☐ Gemüse waschen	☐ Gäste bedienen	☐ Telefonat führen
11. Was musste er mit den Hilfsmitteln machen?	☐ sortieren	☐ verschenken	☐ einräumen
12. Wie viel musste er für ein Abendessen bezahlen?	☐ 10 Euro	☐ 15 Euro	☐ 0 Euro

© Platoo Studio – stock.adobe.com

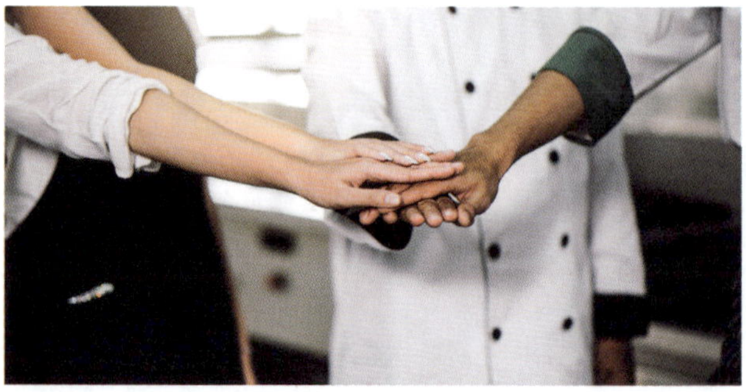
© Platoo Studio – stock.adobe.com

Ein Praktikum bietet die Möglichkeit, sich beruflich zu orientieren und Erfahrungen zu sammeln. Es gibt verschiedene Gründe, weshalb man als Jugendlicher Praktika machen sollte:

- Eigene Interessen entdecken: Man kann bei einem Praktikum unterschiedliche Berufe und Arbeitsbereiche ausprobieren und dabei seine Stärken und Schwächen erkennen.
- Erfahrungen sammeln: Man erhält Einblicke in Arbeitsabläufe und praktische Tätigkeiten. Die Arbeit in einem beruflichen Umfeld kann dabei helfen, neue Fähigkeiten zu entdecken oder zu entwickeln.
- Selbstvertrauen aufbauen: Man gewinnt an Selbstvertrauen und stärkt sein Selbstbewusstsein, indem man Aufgaben selbstständig erledigt und Herausforderungen annimmt.
- Engagement zeigen: Man zeigt durch ein Praktikum Interesse und Motivation. Beides sind wichtige Grundvoraussetzungen für eine Ausbildung oder berufliche Tätigkeit in einem Unternehmen.
- Kontakte knüpfen: Man lernt häufig neue Menschen kennen und kann durch sie sein persönliches Netzwerk erweitern, welches für die Zukunft eventuell von Vorteil sein könnte (z. B. Berufsausbildung, Arbeitsplatz).
- Sich beruflich orientieren: Ein Praktikum bietet die Chance sich beruflich zu finden und zu entscheiden.

Aufgabe

Erstelle eine Mindmap zu Vorteilen eines Praktikums.
Vergleiche anschließende die Ergebnisse mit einem Mitschüler/einer Mitschülerin.

Welche Nachteile kann ein Praktikum haben? Notiere mindestens fünf Aspekte.

Aufgabe

Bearbeite das Kreuzworträtsel zum Thema *Ausbildungsberufe*.

- Finde 15 Berufe mithilfe der TIPP-BOX. Trage die Begriffe anschließend waagerecht → oder senkrecht ↓ in das Rätsel ein. Notiere zum Schluss das Lösungswort. Viel Erfolg!
- Bonus: Lerne die Berufe auswendig. Wie viele kannst du dir merken?

TIPP:

FLE_SC_ER
SC_RE_NE_
_AU_ER
FRIS__R
GAE_TN_R
M_LER
P_L_GER
_OCH
STR_SSE_B_UE_
_RZ_EHER
KO_ME_IKE_
B_EC_ER
_ACH_ECK_R
_AH_ZEUG_ACK_ERER
KR_FTFA_RZEU_MECH_T_ONI_ER

1. Er tapeziert Wände.
2. Er stellt Brot und Brötchen her.
3. Er kennt sich mit Haaren und Frisuren aus.
4. Er arbeitet in einer Küche.
5. Er kümmert sich um Pflanzen.
6. Er baut Häuser.
7. Er kennt sich mit Dachziegeln aus.
8. Er repariert Autos.
9. Er arbeitet oft in einem Seniorenheim.
10. Er baut Möbel aus Holz.
11. Er arbeitet im Kindergarten.
12. Er stellt Fleisch- und Wurstwaren her.
13. Er kennt sich mit Make-up und Hautpflege aus.
14. Er lackiert Fahrzeuge.
15. Er baut Straßen aus Asphalt.

2 Eigene Stärken und Fähigkeiten ermitteln

2.1 Sich erfolgreich bewerben

Eigene Interessen und Neigungen sind ein wichtiger Teil der Persönlichkeit. Sie können sehr unterschiedlich sein und sollten bei der Berufswahl unbedingt berücksichtigt werden. Die Entscheidung für eine Ausbildung sollte demzufolge immer bewusst getroffen werden, denn nur dann wird man langfristig mit seiner Berufswahl zufrieden sein und den Beruf gerne ausüben. Die Suche nach einem geeigneten Ausbildungsplatz stellt für manche eine besondere Herausforderung dar. Je früher und umfassender man sich damit auseinandersetzt, um so sicherer wird man in der Vorgehensweise bei einer Bewerbung.

2.2 Schritte einer Bewerbung kennen

Je mehr man sich mit dem Thema Beruf und Ausbildung befasst, umso wichtiger wird auch das Wissen über die richtige Vorgehensweise bei einer Bewerbung.

Zunächst sollte man sich selbst besser kennenlernen und eigene Stärken, Interessen und Neigungen erkennen. Sie bilden eine wichtige Grundlage für die spätere Berufswahl. In Deutschland gibt es mehr als 320 anerkannte Ausbildungsberufe. Informationen über die verschiedenen Berufe findet man beispielsweise im Internet oder auf Ausbildungsmessen. Je mehr man sich über Berufe und typische Berufstätigkeiten informiert, umso einfacher fällt einem letztlich die Entscheidung für eine Berufsausbildung. Freie Praktikums- und Ausbildungsplätze werden oftmals in regionalen Zeitungen ausgeschrieben. In den sogenannten Stellenanzeigen sind wichtige Informationen zur Ausbildung enthalten sowie schulische und berufliche Anforderungen beschrieben. Bevor man sich bewirbt, ist es wichtig, die persönliche Eignung für eine Stelle zu überprüfen. Anderenfalls kann es passieren, dass die Bewerbung von dem Unternehmen abgelehnt wird, da der Bewerber die Voraussetzungen nicht erfüllt. Bewerbungsunterlagen lassen sich heutzutage mithilfe der digitalen Medien einfach erstellen und versenden. Anhand der Bewerbungsunterlagen erhalten Betriebe einen ersten Eindruck des Bewerbers.
Sie entscheiden häufig aufgrund dessen, wen sie zu einem Vorstellungsgespräch oder Einstellungstest einladen und näher kennenlernen möchten, und wen sie ablehnen. In manchen Berufsbranchen und Regionen besteht ein begrenztes Ausbildungsangebot, weshalb man sich stets frühzeitig bewerben sollte. Außerdem kann man dadurch Entscheidungen in Ruhe treffen und möglichen Stress vermeiden.

Aufgabe

Nummeriere die einzelnen Schritte zum Vorgehen bei einer Bewerbung in der richtigen Reihenfolge.

- [ ] **Stärken und Fähigkeiten ermitteln**
- [ ] **Bewerbungsunterlagen erstellen**
- [ ] **Persönliche Eignung überprüfen**
- [ ] **Vorstellungsgespräch führen**
- [ ] **Sich über Berufe informieren**
- [ ] **Bewerbungsmappe versenden**
- [ ] **(Berufs-)Anforderungen herausfinden**
- [ ] **Stellenanzeigen suchen**
- [ ] **Beruf auswählen**

2.3 Bewerbungszeitpunkt und Bewerbungsfristen beachten

Eine Bewerbung ist grundsätzlich während des gesamten Jahres möglich. In Deutschland endet ein Schuljahr normalerweise im Juli oder August. Jugendliche, die sich für eine Berufsausbildung entscheiden, müssen sich zuvor in einem Betrieb beworben und eine Zusage erhalten haben. Die Chancen auf eine Zusage lassen sich erhöhen, indem man den richtigen Bewerbungszeitpunkt je nach Berufsbranche wählt und alle Unterlagen vollständig einreicht. Die Bewerbungsfristen werden von den Betrieben ausgeschrieben und sind für die Vorbereitung von Bewerbungsunterlagen von großer Bedeutung. Bewerbungsunterlagen, die nicht fristgerecht eingereicht werden, bleiben oftmals unberücksichtigt. Wichtige Termine und Fristen sollte man sich am besten in einen Kalender eintragen. Er hilft einem dabei, sich zu organisieren und einzelne Bewerbungsschritte einzuhalten.

Aufgabe

Informiere dich mithilfe des QR-Codes zu Bewerbungszeiträumen und beantworte die Fragen.

- Wann solltest du dich für eine *Ausbildung im Handwerk* (z. B. Maler, Kfz-Mechatroniker) bewerben?

  ____

- Wann beginnt in der Regel eine *Ausbildung im Handel* (z. B. Verkauf)?

  ____

- Wann starten *Berufsausbildungen in der Industrie* (z. B. Zerspanungsmechaniker)?

  ____

www.azubiyo.de/bewerbung/bewerbungsfrist-ausbildung/

Aufgabe

Erkläre die Bedeutung des folgenden Satzes im Zusammenhang mit deiner Bewerbung.

© magele-picture – stock.adobe.com

____

____

____

____

____

© fizkes – stock.adobe.com

© a_korn – stock.adobe.com

Mit einem Kalender hast du alles im Blick!

2.4 Selbstreflexion durchführen

Welche Stärken und welche Schwächen hast du? Welche Vorlieben und Interessen hast du? – Für die Ausübung eines Berufes benötigt man bestimmte Fähigkeiten und Qualifikationen. Zudem kommt es auf persönliche Erfahrungen und Ziele an. Für eine Bewerbung ist es notwendig sich selbst zu kennen und zu wissen, was eine Person ausmacht.

Aufgabe

Lerne dich selbst besser kennen und führe einen Selbsttest durch.

- Kreuze bei den jeweiligen Eigenschaften an, inwiefern diese auf dich zutreffen.
- Werte den Test anschließend aus, indem du zwei persönliche Stärken und zwei persönliche Schwächen notierst.
- Vergleiche deine Ergebnisse mit einem Mitschüler/einer Mitschülerin. Gibt es jemanden, der die gleichen Stärken wie du hat?

	Selbsttest – Persönliche Eigenschaften	trifft zu	trifft teils zu	trifft nicht zu
1	Ich interessiere mich für Technik.			
2	Ich unterhalte mich gerne.			
3	Ich probiere gerne Neues aus.			
4	Ich arbeite gerne mit anderen zusammen.			
5	Ich koche/backe gerne.			
6	Ich interessiere mich für Pflanzen.			
7	Ich bin geduldig.			
8	Ich zeichne gerne.			
9	Ich kann mich gedanklich gut in andere hineinversetzen.			
10	Ich interessiere mich für Mode.			
11	Ich kümmere mich gerne um Menschen.			
12	Ich mag Kinder.			
13	Ich experimentiere gerne.			
14	Ich mag Tiere.			
15	Ich treibe gerne Sport.			
16	Ich kann gut erklären.			
17	Ich bin gerne draußen.			
18	Ich bin pünktlich.			
19	Ich lese gerne.			
20	Ich stehe gerne früh auf.			
21	Ich bin gerne unter Menschen.			
22	Ich bin gerne in der Natur.			

Meine Interessen und Stärken:

- ____________________
- ____________________

Meine Desinteressen und Schwächen:

- ____________________
- ____________________

3 Geeignete Stellenanzeigen finden und analysieren

3.1 Inhalte einer Stellenanzeige kennen

Mit einer Stellenanzeige suchen Betriebe nach geeigneten Auszubildenden. Sie enthalten alle wichtigen Informationen und Voraussetzungen, die ein Bewerber oder eine Bewerberin erfüllen muss. Die Anforderungen können sehr unterschiedlich sein. Neben persönlichen Interessen und Fähigkeiten, kommt es auch auf die Schulbildung an. Berufliche Vorkenntnisse, die man als Schüler/Schülerinnen während eines Praktikums erlangt, können ebenso eine wichtige Voraussetzung für eine Ausbildung sein. Je höher die beruflichen Anforderungen und Kenntnisse, umso höher sind auch die Anforderungen an das Bildungsniveau und den Schulabschluss.

Aufgabe

Bilde mithilfe der einzelnen Wortbausteine passende Begriffe zum Thema Stellenanzeige und halte deine Ergebnisse schriftlich fest. Hinweis: Es gibt mehrere Kombinationsmöglichkeiten der Wortbausteine.

© strichfiguren – stock.adobe.com

-beruf	-gehalt	-angebot	-standort	-beginn	-frist
-kontakt	-partner	-profil	-unterlagen	-mappe	-daten

Diese Begriffe habe ich gefunden:

Kontaktdaten, ...

© pizuttipics – stock.adobe.com

© MATTHIAS BUEHNER – stock.adobe.com

3.2 Anforderungen aus Stellenanzeigen entnehmen

Um einen Beruf professionell ausüben zu können, müssen Bewerber über bestimmte Kenntnisse und Eigenschaften verfügen. In einer Stellenanzeige können diese Anforderungen entweder als Kann-Anforderungen oder Muss-Anforderungen formuliert sein. Kann-Anforderungen werden von einem Ausbildungsbetrieb gewünscht. Für eine Bewerbung sind sie von Vorteil, wenn man sich von seinen Mitbewerbern unterscheiden möchte. Sie sind für eine Bewerbung nicht unbedingt notwendig. Muss-Anforderung sind hingegen zwingend erforderlich, um sich für die ausgeschriebene Stellenanzeige bewerben zu können. Ob man für eine Ausbildung geeignet ist, erfährt man, indem man die Stellenanzeige aufmerksam liest und die versteckten Formulierungen findet.

Beispiele für Kann-Formulierungen	Beispiele Muss-Formulierungen
Von Vorteil sind ...	*... setzen wir voraus.*
... sind wünschenswert.	*Berücksichtigt werden nur ...*
... runden Ihr Profil ab.	*Unbedingt notwendig sind ...*
Idealerweise ...	*Zwingend erforderlich sind ...*
... jedoch keine Bedingung.	*... ist Voraussetzung.*
... sehen wir gerne.	*Wir erwarten ...*

Aufgabe

Analysiere die Stellenanzeige aus der Zeitung *SaarlandAktuell*.

- Lies die Stellenanzeige aufmerksam.
- Markiere anschließend alle Formulierungen für Kann-Kriterien blau und alle Formulierungen für Muss-Kriterien rot.
- Übertrage deine Ergebnisse in eine Tabelle.

Du interessierst dich für Haar- und Stylingtrends und suchst einen Ausbildungsplatz?

Wir suchen motivierte und engagierte Auszubildende (m/w/d), die eine Ausbildung zum Friseur/zur Friseurin in unserem Salon machen möchten.

© john1179 – stock.adobe.com

Während einer dreijährigen Ausbildung wirst du verschiedene Aufgaben und Tätigkeiten im Friseurhandwerk kennenlernen. Dazu zählen unter anderem Kunden- und Typberatung, Haarschnitte, Colorationen und Styling. Wir bieten dir eine umfassende Ausbildung in einem tollen Arbeitsumfeld mit erfahrenen Kollegen und Kolleginnen sowie hervorragende Weiterbildungsmöglichkeiten an.

Bereits seit 1960 bilden wir in unserem Familienunternehmen Auszubildende zum Friseur/zur Friseurin aus und zählen zu den renommiertesten und besten Friseursalons im Saarland. Du solltest mindestens 16 Jahre alt sein und einen guten Hauptschulabschluss oder besser haben. Es ist wichtig, dass du über gute Deutschkenntnisse (mindestens B1-Niveau) verfügst und einen höflichen sowie respektvollen Umgang mit Kunden und Kundinnen pflegst. Außerdem setzen wir voraus, dass du ein aufgeschlossener Mensch bist, der bereit ist für neue Herausforderungen. Du solltest dich für Farben, Trends und idealerweise für Frisuren und Mode interessieren. Was du unbedingt benötigst: Freude und Begeisterung dafür, Menschen zu verschönern und glücklich zu machen. Um eine Ausbildung in unserem Friseursalon absolvieren zu können, ist der Nachweis eines vorherigen Praktikums in einem Salon notwendig. Vorkenntnisse im Friseurhandwerk wären wünschenswert, stellen jedoch keine Bedingung dar. **Das passt zu dir?** – Dann starte jetzt mit deiner Ausbildung und bewirb dich mit einer aussagekräftigen Bewerbung bis zum 01.04.20XX.

Hinweis: Es werden nur Bewerbungen berücksichtigt, die fristgerecht eingereicht wurden.

Haarland by Rita Reiter – Saarstraße 29 – 66740 Saarlouis

3.3 Stellenanzeigen untersuchen

Bei der Suche nach einer Ausbildungsstelle gibt es verschiedene Möglichkeiten, um sich über aktuelle und wohnortnahe Angebote zu informieren. Häufig werden Stellenanzeigen in regionalen Zeitungen wie *Saarbrücker Zeitung*, *Trierischer Volksfreund* oder *Wochenspiegel* veröffentlicht. Mittlerweile bieten viele Zeitungsverlage ihre Ausgaben auch online an. Ein Berufsberatungszentrum bietet eine kostenfreie Beratung vor Ort an. Dabei kann man sich von Experten beraten lassen und wird bei der Suche nach einer geeigneten Ausbildungsstelle unterstützt. Um dieses Angebot wahrnehmen zu können, ist eine vorherige Terminvereinbarung nötig. Ausbildungsangebote und freie Ausbildungsstellen lassen sich auch mithilfe verschiedener Internetplattformen wie zum Beispiel der *Agentur für Arbeit* finden. Anhand von persönlichen Angaben (z. B. Berufswunsch, Wohnort) werden sämtliche Angebote in einer Übersicht zusammengestellt. Häufig sind in den Stellenanzeigen Kontaktmöglichkeiten der Betriebe hinterlegt. Die Bewerbungsunterlagen können dann umgehend per E-Mail oder per Post an die jeweiligen Unternehmen versendet werden. In den Stellenanzeigen sind bereits wichtige Informationen zu der Praktikums- oder Ausbildungsstelle enthalten. Dennoch ist es wichtig, die Anzeige genau und gründlich zu analysieren, um nicht auf unseriöse Angebote hereinzufallen.

Aufgabe

Analysiere die folgenden Stellenanzeigen.

- Lies die Stellenanzeigen aufmerksam.
- Entscheide dich, ob die Anzeigen seriös sind und begründe deine Entscheidung.

a)

Azubis gesucht!

Bäcker/Bäckerin

Ab dem 01.04.20XX suchen wir junge und motivierte Menschen, die sich weiterentwickeln und sich im Bäckerhandwerk qualifizieren möchten.

Bewerbungen:
Cafe und Konditorei LoLa
Hauptstraße 10
66123 Saarbrücken

☐ seriös

☐ unseriös

Begründung: ______________________________

____

____

b)

Du bist mindestens 18 Jahre alt und auf der Suche nach dem großen Erfolg?

Bei uns kannst du bis zu 5.000 EUR im Monat verdienen.

Das klingt gut?

Dann melde dich noch heute: 0123-100 200

☐ seriös

☐ unseriös

Begründung: ______________________________

____

____

c)

HOTEL SONNENWALD

SUCHT ZUM 01.08.20XX

AUSZUBILDENDE
ZUM RESTAURANTFACHMANN/
ZUR RESTAURANTFACHFRAU

Wer die Gastronomie liebt und Freude im Umgang mit Gästen hat, ist bei uns genau richtig. Zur Erweiterung unserer Teams suchen wir interessierte und engagierte Bewerber. Bitte senden Sie Ihre aussagekräftigen Bewerbungsunterlagen an: info@hotel.abc

☐ seriös

☐ unseriös

Begründung: ______________________________

____

____

____

____

Aufgabe

Informiere dich mithilfe der QR-Codes zu Ausbildungsangeboten in deiner Nähe.
Finde zwei Ausbildungsbetriebe in deiner Nähe und halte alle wichtigen Informationen in der Tabelle fest.

Informationen	Betrieb 1	Betrieb 2
Name des Betriebes		
Ansprechpartner		
Adresse		
Telefon		
E-Mail		
Ausbildungsberuf		
Ausbildungsbeginn		

Tipps für die Suche nach Ausbildungsbetrieben:

www.ausbildung.de/suche

www.arbeitsagentur.de/jobsuche

© Buravleva stock – shutterstock.com

Aufgaben

Verbessere deinen Wortschatz.

1. Verbinde mit einem Stift die Begriffe auf der linken Seite mit einem passenden Begriff auf der rechten Seite.

   Notiere anschließend den Code mithilfe der Zahlen und Buchstaben.

Begriff 1	
1	die Firma
2	der Chef
3	„Guten Morgen“ sagen
4	der Bewerber
5	rechtzeitig
6	unauffällig
7	eine gute Eigenschaft
8	eine schlechte Eigenschaft
9	die Stellenanzeige
10	sich vorstellen
11	der Lehrling
12	der Besitzer

Begriff 2	
N	pünktlich
R	das Stellenangebot
I	Stärke
O	der Betrieb
G	der Inhaber
R	der Arbeitgeber
I	jmd. begrüßen
N	der Auszubildende
U	präsentieren
T	schlicht
E	der Kandidat
E	Schwäche

Trage hier den Code ein und finde das Lösungswort.

Zahl	1	2	3	4	5	6	7	8	9	10	11	12
Buchstabe	O											

2. Sag es positiv! – Finde zu jedem Begriff das Gegenteil.

Begriff	Gegenteil
dreckig	sauber
unfreundlich	
langsam	
unpünktlich	
chaotisch	
unhöflich	
unzuverlässig	

3.4 Bewerbungsunterlagen vorbereiten

Eine Bewerbung erfolgt entweder digital oder wird in ausgedruckter Form per Post versendet. Darin enthalten sind wichtige Unterlagen, die dem Unternehmen einen ersten Eindruck des Bewerbers vermitteln. Die Unterlagen sollten stets vollständig und die Angaben wahrheitsgemäß sein. Zur besseren Übersicht sind die Unterlagen systematisch in der Bewerbungsmappe einzuordnen. Das Anschreiben liegt in der Regel lose auf, während das Deckblatt, der Lebenslauf, die Kopien der letzten Zeugnisse sowie relevante Nachweise wie Referenzen, Zertifikat oder Arbeitszeugnisse in die Mappe eingeheftet werden. Das Anschreiben und der Lebenslauf sind immer von Hand zu unterschreiben. Mithilfe von Auswahlkriterien entscheiden die Unternehmen letztlich über eine Zusage oder Absage des Bewerbers.

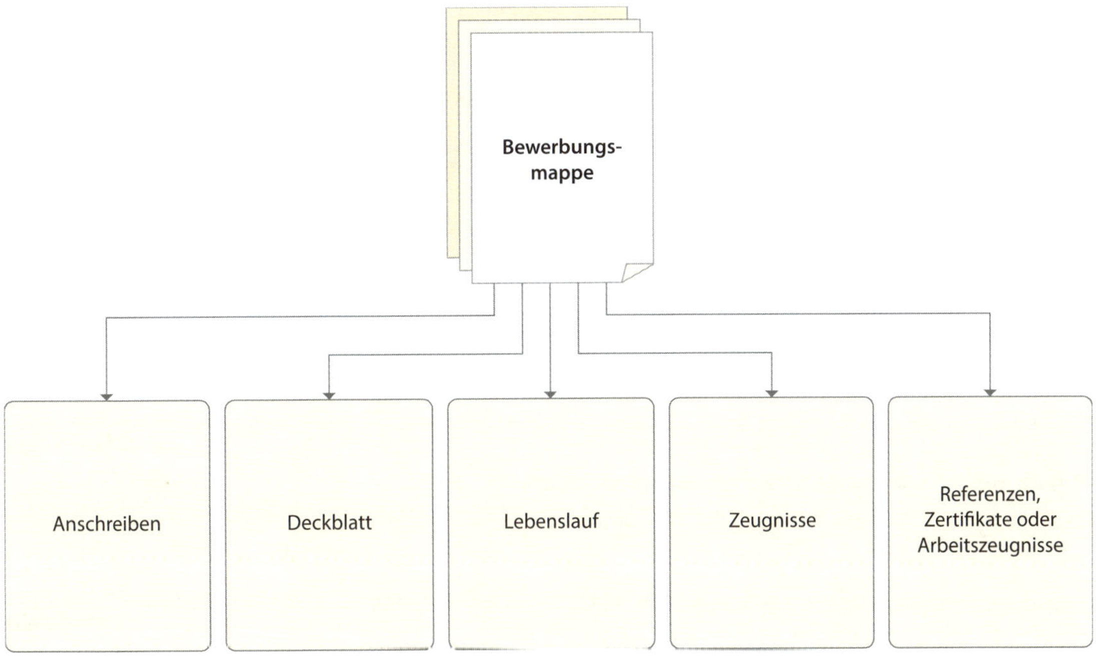

Aufgabe

Erstelle eine Checkliste mit Tipps für eine gelungene Bewerbungsmappe.
Anmerkung: Du kannst die Liste zur Überprüfung deiner eigenen Bewerbungsunterlagen nutzen.

Tipps für eine gelungene Bewerbungsmappe		✓
1	*Vermeide Rechtschreibfehler und Grammatikfehler.*	
2		
3		
4		
5		
6		
7		
8		
9		
10		

4 Ein Bewerbungsschreiben verfassen

4.1 Aufbau eines Bewerbungsschreibens

Formaler Aufbau des Bewerbungsschreibens: Geschäftsbriefe

Geschäftsbriefe sind Briefe, die im Geschäftsleben oder zwischen Privatpersonen und Unternehmen verfasst werden. Dazu zählen z. B. Rechnungen, Lieferscheine, Einladungen oder Danksagungen. Geschäftsbriefe sind an Regeln gebunden, nach denen sie gestaltet werden müssen. Diese sind in DIN 5008 festgelegt. Heutzutage werden Geschäftsbriefe häufig in Form einer E-Mail versendet. Auch ein Bewerbungsschreiben muss in Form eines Geschäftsbriefes an den Arbeitgeber übermittelt werden. Geschäftsbriefe unterliegen formalen Kriterien. Sie sind nach einer festgelegten Form aufgebaut:

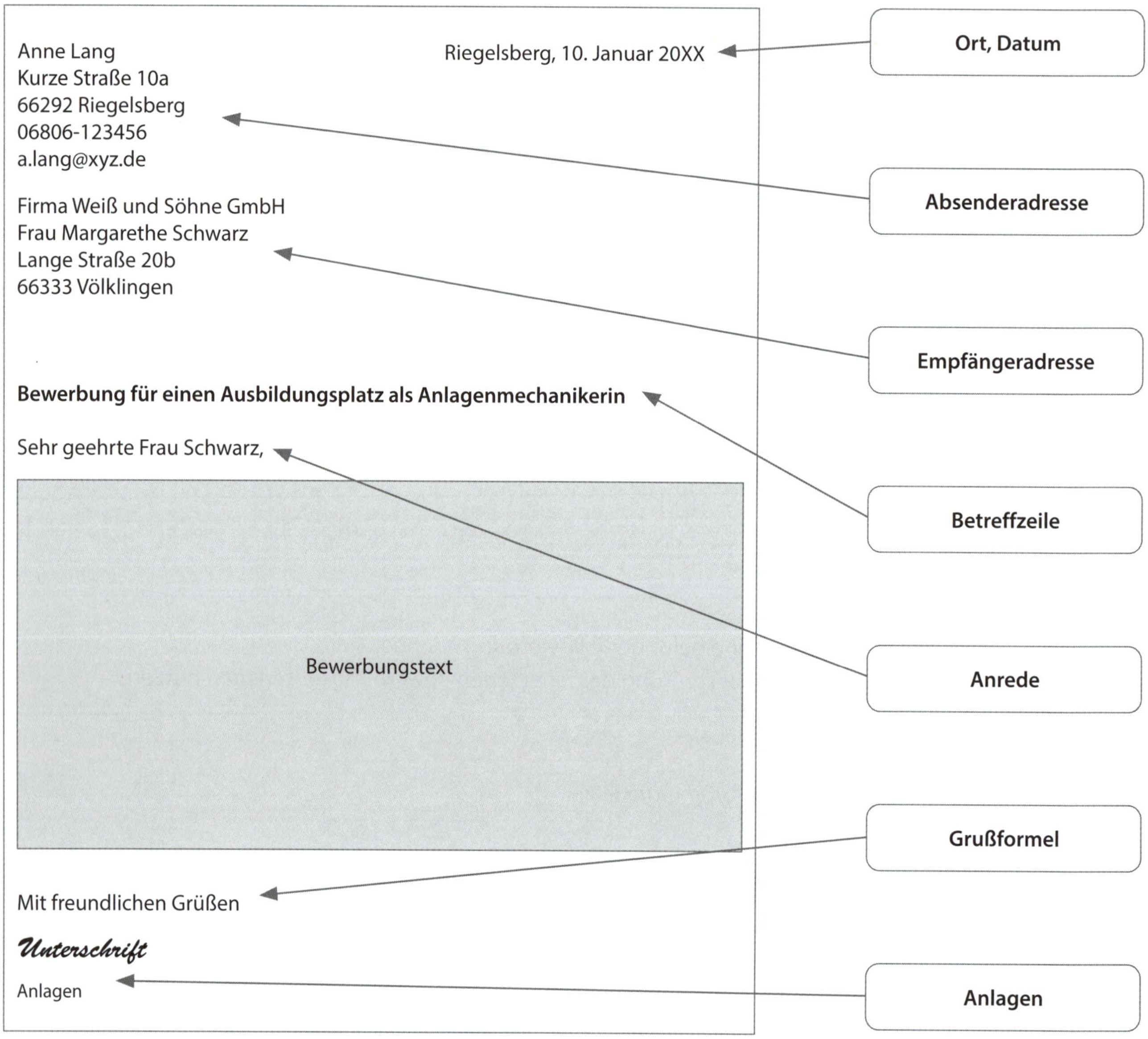

- **Absenderadresse**
  Hier werden Vor- und Nachname, Straße, Hausnummer, Postleitzahl, Wohnort, Telefonnummer und E-Mail-Adresse des Bewerbers eingetragen.
- **Empfängeradresse**
  An dieser Stelle werden Firmenname, ggfs. Vor- und Nachname der Ansprechperson, die in der Stellenanzeige genannt ist, Straße, Hausnummer, Postleitzahl und Ort der Firma eingetragen.
- **Betreffzeile**
  In der Betreffzeile formuliert man das Ziel der Bewerbung mit der in der Stellenanzeige genannten Berufsbezeichnung. Die Betreffzeile wird stets fett gedruckt.

- **Anrede**

  In einem Bewerbungstext wird grundsätzlich die Anrede *„Sehr geehrte/r...,“* gewählt. Ist die Ansprechperson in der Stellenanzeige angegeben, so spricht man die Person direkt an: *„Sehr geehrte Frau Schwarz,“*. Ist keine Ansprechperson angegeben, so wählt man die unpersönliche Anrede *„Sehr geehrte Damen und Herren,“*.

- **Grußformel**

  In Bewerbungsschreiben wird grundsätzlich die Grußformel „Mit freundlichen Grüßen“ verwendet. Dabei sind keine Abkürzungen erlaubt ~~(MfG)~~.

- **Anlagen**

  In den Anlagen werden alle Dokumente aufgeführt, die mitgesendet werden. Dazu zählen z. B. Zeugnisse oder Zertifikate.

- **Formale Kriterien**

  Man sollte darauf achten, dass Rechtschreibung und Grammatik korrekt sind. Außerdem ist es wichtig, dass das Bewerbungsschreiben sauber oder ordentlich aussieht, keine Flecken aufweist und nicht geknickt wurde.

Bewerbungstext formulieren

© eyewave – stock.adobe.com

© Stefan Schurr – stock.adobe.com

© Mediteraneo – stock.adobe.com

© Dzmitryieu Dzmitry – shutterstock.com

Aufgaben

1. Nenne Stärken, welche die auf den Bildern abgebildeten Personen haben könnten.

   ____

2. Erkläre, welche Berufe zu den Personen passen könnten.

   ____

   ____

3. Erkläre, welche Fähigkeiten oder Stärken die Personen in den jeweiligen Berufen einbringen könnten.

   ____

In einem Bewerbungstext soll der Bewerber einen möglichen Ausbildungsbetrieb von sich und seinen Qualitäten überzeugen. Dabei werden zunächst die Motivation für den Ausbildungsberuf und danach die Eignung des Bewerbers für die jeweiligen Anforderungen an den Ausbildungsberuf beschrieben.

> Sehr geehrte Frau Schwarz,
>
> mit Interesse habe ich Ihre Ausschreibung eines Ausbildungsplatzes als Anlagenmechaniker in der Saarbrücker Zeitung vom 26. Mai 20XY gelesen. Weil ich mich sehr für handwerkliche Tätigkeiten interessiere, gerne konkrete technische Probleme löse und häufig im Freien arbeiten möchte, bewerbe ich mich um den Ausbildungsplatz.
>
> Da ich seit Beginn dieses Schuljahres die Ausbildungsvorbereitung am TGSBBZ Neunkirchen besuche, konnte ich mir bereits erste Kenntnisse in der Metallbearbeitung aneignen. Im Rahmen meines Praktikums in einem Heizungs- und Sanitärbetrieb habe ich mich über die Tätigkeiten eines Anlagenmechanikers informiert, vor allem die Arbeit mit Werkzeugen und Maschinen gefiel mir dabei. Mein gutes räumliches Verständnis und Rechenfertigkeiten spiegeln sich in meiner guten Mathematiknote wider. Auch habe ich in meinem Praktikum eine erste Einführung in eine Fräsmaschine erhalten, die ich sehr gerne vertiefen würde. Mein handwerkliches Geschick stelle ich auch privat unter Beweis, da ich mich im Freundeskreis mit Fahrrädern und motorisierten Zweirädern beschäftige. Dadurch weiß ich, dass Sorgfalt, Genauigkeit und Geschicklichkeit für den Beruf wichtige Eigenschaften sind, die ich gerne in meiner Ausbildung einbringen würde. Durch mein Engagement in einem Turnverein bin ich körperlich belastbar und teamfähig.
>
> Ich freue mich, mich in einem Vorstellungsgespräch bald persönlich bei Ihnen vorzustellen.
>
> Mit freundlichen Grüßen
>
> *Max Mustermann*
>
> Anlagen

Aufgaben

1. Lies den Bewerbungstext.
2. Markiere, wie der Bewerber seine Motivation begründet, eine Ausbildung als Anlagenmechaniker zu beginnen.
3. Markiere, wie der Bewerber Fähigkeiten und Fertigkeiten nachweist, die für den Beruf des Anlagenmechanikers wichtig sind.
4. Formuliere anhand der vier Bilder (oben) Sätze, die Fähigkeiten und Fertigkeiten für den Beruf des Anlagenmechanikers nachweisen.

Beim Verfassen von Bewerbungsschreiben gilt der folgende Aufbau:

- **Anrede**
- **Motivationssatz:** Hier wird dargelegt, aus welchen Gründen der Bewerber sich für eine Ausbildung in dem jeweiligen Beruf entscheidet. Dabei sollte man auf die eigenen Stärken und Interessen eingehen.

  Beispiele: Begabungen, Erfahrungen, persönliche Stärken und Interessen
- **Anforderungen:** Hier werden alle Anforderungen, die in der Stellenanzeige an die Bewerber gestellt sind, anhand von persönlichen Erfahrungen, Stärken, Interessen sowie Fähigkeiten und Fertigkeiten nachgewiesen. Dies sollte immer belegbar sein, z. B. weil man schon einmal ein Praktikum in diesem Bereich absolviert hat.

  Beispiel:
Der Beruf als Pflegefachkraft verlangt von den Bewerbern körperliche Belastbarkeit.

4.2 Aufbau von Bewerbungstexten

Bewerbungstext (Beispiel)	Bestandteil
Bewerbung um einen Ausbildungsplatz als XYZ	Betreff
Sehr geehrte Damen und Herren,	Anrede
1. Motivationssatz 2. Nachweis Anforderung A 3. Nachweis Anforderung B 4. Nachweis Anforderung C 5. ...	Bewerbungstext
Ich freue mich, mich in einem Vorstellungsgespräch bald persönlich bei Ihnen vorzustellen.	Bitte um Vorstellungsgespräch
Mit freundlichen Grüßen	Grußformel
Unterschrift	Handschriftliche Unterschrift
Name	

Aufgabe

1. Notiere mögliche Stärken der abgebildeten Personen. Nenne anschließend Berufe, die für diese Personen gut geeignet sein könnten.

	Person	Stärken	mögliche Berufe
1	 © Dan Race – stock.adobe.com	▪ achtet auf ihr äußeres Erscheinungsbild ▪ interessiert sich für Pflegeprodukte und Inhaltsstoffe	▪ Friseur/in ▪ Drogist/in ▪ Kosmetiker/in ▪ Masseur/in
2	 © Elias Kostner – stock.adobe.com		
3	 © contrastwerkstatt – stock.adobe.com		
4	 © mikey – stock.adobe.com		

5	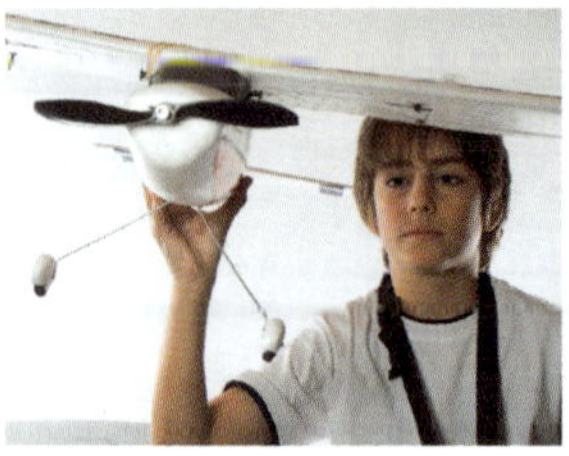 © Uwe Grötzner – stock.adobe.com		
6	 © contrastwerkstatt – stock.adobe.com		

2. Verfasse für jede Person einen Motivationssatz.

- **Bild 1:**
-
-
-
-
-

3. Formuliere je einen Satz, in dem die Personen ihre Fähigkeiten und Fertigkeiten für den jeweiligen Beruf nachweisen.

-
-
-
-
-

4.3 Formulierungshilfen verwenden

Beim Verfassen von Bewerbungsschreiben können bestimmte Formulierungen hilfreich sein:

- In meinem Praktikum als ... konnte ich unter Beweis stellen, dass...
- Während meines Nebenjobs als ... habe ich gelernt...
- Da ich in meiner Freizeit gerne ..., konnte ich bereits zeigen...
- Während meines Praktikums als ... habe ich die Erfahrung gesammelt...

Aufgaben

1. Formuliere je einen Satz, in dem du die jeweiligen Anforderungen nachweist. Verwende hierzu auch die Formulierungshilfen.

Anforderung	Erfahrung
Gute Kommunikationsfähigkeit	Praktikum im Verkauf
Körperliche Belastbarkeit	Schwimmen im Verein
Problemlösefähigkeit	Aushilfe im Malerbetrieb des Vaters
Erfahrungen in der Pflege von Menschen	Erste-Hilfe-Kurs
Sinn für Sauberkeit und Hygiene	Aufgaben im Haushalt übernehmen
Organisationstalent	Planung und Durchführung von Familienfesten
Gut mit Geld umgehen können	Führen eines Haushaltsbuches

2. Wähle drei der aufgeführten Anforderungen aus und verfasse einen Satz, in dem du diese Eigenschaften für deine Person nachweist.

> **TIPP:** *Kritikfähigkeit, Computerkenntnisse, Teamfähigkeit, Redegewandtheit, Fremdsprachenkenntnisse, Zuverlässigkeit, handwerkliches Geschick, Offenheit, strukturiertes Arbeiten, gute Deutsch- und Mathematikkenntnisse, Konzentrationsfähigkeit, gute Allgemeinbildung, Kreativität, Flexibilität, gepflegtes Äußeres, Interesse an technischen Fragestellungen, Genauigkeit, Serviceorientierung, Bereitschaft zur Arbeit an Wochenenden, Durchhaltevermögen*

3. Verfasse zu einer Stellenanzeige für einen Ausbildungsplatz deiner Wahl ein vollständiges Bewerbungsschreiben. (Bei Platzmangel zusätzlich ein separates Blatt verwenden.)

5 Einen Lebenslauf erstellen

5.1 Bedeutung des Lebenslaufs

Ein Lebenslauf ist ein Dokument, das tabellarisch die wichtigsten Informationen über einen Bewerber darstellt. Dabei kann der Arbeitgeber sich auf einen Blick einen ersten Eindruck über die bisherige Biografie des Bewerbers verschaffen. Lebensläufe weisen in der Regel verbindliche Inhalte auf:

- persönliche Daten
- Schullaufbahn
- berufliche Erfahrungen
- sonstige Kenntnisse und Fertigkeiten

FORTSETZUNG

IHR NAME

BERUF/STELLENBEZEICHNUNG

123 Straße, Ort/Stadt, Bundesland, Postleitzahl
T: 028 1234 5678 // **E:** ihrname@email.com // **www.ihrewebseite.com**

AUSBILDUNG

2000 – 2003 **STUDIENFACH**
Details zur Universität/Hochschule
Kurze Beschreibung der Inhalte, die Sie in diesem Studienfach gelernt/studiert haben. Nem es ut atia nonecul laborit occus.

1998 – 2000 **STUDIENFACH**
Details zur Universität/Hochschule
Kurze Beschreibung der Inhalte, die Sie in diesem Studienfach gelernt/studiert haben. Porposa plique volum ipsae sunt officim.

ERFAHRUNGEN

2012 – heute **FIRMA**
Bisherige Position
Kurze Beschreibung Ihrer Position und der damit verbundenen Aufgaben. Xerios re des pro doluptat ium eos aliatque nem es ant quam, sequae cora ipidit, aut autatecto dissimusam ex eossi sequistrum quis reicietur sus rempor susam liquamus ma.

2007 – 2012 **FIRMA**
Bisherige Position
Kurze Beschreibung Ihrer Position und der damit verbundenen Aufgaben. Boreperum eicipie ndicim cusant volendi bearciet eos inum inctet quae dolescid quunt vel ea consero volectoratis quam, omnis dolupta aut autenis cipide prestio reptatquam.

2005 – 2007 **FIRMA**
Bisherige Position
Kurze Beschreibung Ihrer Position und der damit verbundenen Aufgaben. Vitiorum am, officiam hillestia quidebi simolup tatur, ium con rest labo. Tet adis vel maximusam abo. Nam ipidis maionsed quo tem si conectem eos simolupta verferibus sinveli quossi.

2003 – 2005 **FIRMA**
Bisherige Position
Kurze Beschreibung Ihrer Position und der damit verbundenen Aufgaben. Otas venimperum, autam nonecturia nihitam vollore ctoremo explique ea volo et int vendandi demquis consendae voluptat ius auda sit quam, quibustem re pori quame de vel intius.

ANSCHREIBEN

In diesem Abschnitt können Sie Ihre berufliche Laufbahn beschreiben. Erläutern Sie dem potenziellen Arbeitgeber, warum er Sie einstellen sollte. Faccum intiscit qui sita nos quos ditatquamet laborporrum vent fuga. Estis velesti busanda vel mintistibus non pratem corpore cturios re verro into cus re doluptiberum conem deliquis veroviditae. Ucipicim voluptatium aute excero in por mo eum illecti busciatur.

KENNTNISSE

Kenntnis 1
Kenntnis 2
Kenntnis 3
Kenntnis 4
Kenntnis 5

SOCIAL MEDIA

- Social Media Link 1
- Social Media Link 2
- Social Media Link 3
- Social Media Link 4

REFERENZEN

Name der Referenz
Stellenbezeichnung
T: 028 1234 5678
E: name@firma.com

Name der Referenz
Stellenbezeichnung
T: 028 1234 5678
E: name@firma.com

Aufgaben

1. Hast du schon einmal einen Lebenslauf geschrieben? Beschreibe, woran du dich dabei erinnern kannst.

____

____

____

2. Erkläre, welche Informationen in einen Lebenslauf gehören.

____

____

____

3. Erkläre, warum ein Lebenslauf für einen Arbeitgeber in einem Bewerbungsverfahren nützlich sein kann.

____

____

4. Nenne Vorteile, die ein gelungener Lebenslauf für Bewerber haben kann.

____

____

5.2 Persönliche Daten

Die persönlichen Daten geben Auskunft über den Wohnort sowie die Kontaktdaten des Bewerbers. Diese Angaben sollen deshalb in einem Lebenslauf zu finden sein:

- Name, Vorname(n)
- Anschrift (Straße, Hausnummer, Postleitzahl, Wohnort)
- Geburtsdatum, Geburtsort
- Telefonnummer, Mobilfunknummer
- E-Mail-Adresse

Weitere Angaben wie die Staatsangehörigkeit, Religionszugehörigkeit, Familienstand (ledig, verheiratet, eingetragene Lebenspartnerschaft, geschieden, verwitwet) oder Angaben zur Familie sind freiwillig. Hierbei kann man selbst entscheiden, ob man diese angibt.

© VRD – stock.adobe.com

Aufgabe

Trage in die Tabelle deine persönlichen Daten ein:

Name, Vorname(n):	
Straße, Hausnummer:	
Postleitzahl, Wohnort:	
Geburtsdatum und -ort:	
Telefonnummer:	
Mobilfunknummer:	
E-Mail-Adresse:	

5.3 Schullaufbahn

Bei der Schullaufbahn werden alle bisher besuchten Schulen mit Namen (und Schulform) aufgeführt. Dabei werden jeweils der Monat und das Jahr angegeben. Wenn ein Schulabschluss erreicht wurde, sollte dieser jeweils mit angegeben werden.

Beachte: Die aktuelle Schule kommt an erster Stelle!

© Immobiliengeflüster – stock.adobe.com

Beispiel

von	bis	besuchte Schule, Schulform
08/23	07/24	Berufsbildungszentrum Homburg (Paul-Weber-Schule), Ausbildungsvorbereitung
07/19	07/23	Robert-Bosch-Schule Homburg

Aufgabe

Erstelle nach diesem Muster eine Liste mit deinen bisher besuchten Schulen.

von	bis	besuchte Schule, Schulform

5.4 Berufliche Erfahrungen

Ähnlich der schulischen Laufbahn werden im Lebenslauf auch alle bisherigen beruflichen Erfahrungen des Bewerbers aufgeführt. Hierzu zählen Ausbildungen, Praktika und Nebenjobs. Diese werden mit Angabe des Zeitraums, des Betriebs sowie einem Tätigkeitsprofil aufgeführt.

Beispiel

Praktikum/Nebenjob	Zeitraum	Betrieb	Tätigkeiten
Praktikum als Restaurantfachfrau	01/23 – 3 Wochen	Restaurant Zum Gourmand, Hauptstr. 123, 66265 Heusweiler	Gastraum vorbereiten, Tische eindecken und abräumen, Zubereitung von Getränken, Gäste bedienen

Aufgaben

1. Ergänze die folgende Tabelle mit deinen bisherigen beruflichen Erfahrungen.

Praktikum/Nebenjob	Zeitraum	Betrieb	Tätigkeiten

2. Nenne anhand der Collage fünf Tätigkeiten, die dich im Rahmen eines Praktikums interessieren würden. Begründe deine Entscheidung.

5.5 Sonstige Kenntnisse und Fertigkeiten

Bei den sonstigen Kenntnissen und Fertigkeiten sollten alle Informationen eingetragen werden, die den Bewerber sonst noch auszeichnen.
Dazu gehören Sprachkenntnisse (mit Niveaustufe, z. B. Muttersprache, Anfänger etc.), Computerkenntnisse, Führerscheine, Ehrenämter (z. B. Feuerwehr, Rotes Kreuz, Vorstand Sportverein etc.), Zertifikate (z. B. Handlöten, Erste Hilfe, Streitschlichter etc.) und besondere Hobbies und Interessen. Wenn man Hobbies angibt, sollte man sicherstellen, dass sie besondere Qualitäten des Bewerbers anzeigen. Spielt man beispielsweise im Verein Fußball, so zeigt dies Teamfähigkeit bei der Person. Geht der Bewerber regelmäßig zum Fitnesstraining, so wird dieser als belastbar und diszipliniert wahrgenommen. Gibt man als Hobby beispielsweise Lesen an, so kann man im Vorstellungsgespräch etwa nach Buchempfehlungen gefragt werden. Nicht zu empfehlen ist die Angabe von alltäglichen Freizeitbeschäftigungen (z. B. mit Freunden treffen). Auch sollten die Informationen immer der Wahrheit entsprechen.

Aufgabe

Erkläre, warum man die auf den Bildern abgebildeten Freizeitaktivitäten im Lebenslauf angeben sollte. Nenne dabei auch Eigenschaften, die Bewerbern mit entsprechenden Hobbies und Interessen zugeschrieben werden könnten.

Aufgabe

Partnerinterview: Fülle die folgende Tabelle mit Informationen zu deinem Banknachbarn aus.

 © SimpLine – stock.adobe.com	**Persönliche Stärken und Talente**	
 © Robert Kneschke – stock.adobe.com	**Kenntnisse und Fertigkeiten**	
 © Tatjana Balzer – stock.adobe.com	**Fremdsprachen**	
 © Rymden – stock.adobe.com	**Computer-kenntnisse**	
 © BrandPacks – stock.adobe.com	**Führerscheine und Zertifikate**	
 © YummyBuum – stock.adobe.com	**Hobbies und Interessen**	

Aufgabe

Erstelle anhand deiner Stichworte deinen Lebenslauf. Du kannst dafür eine Vorlage verwenden, die du mithilfe der QR-Codes aufrufen kannst:

Europass	Azubiyo	Lebenslauf.com
https://europa.eu/europass/de/create-europass-cv	*https://www.azubiyo.de/bewerbung/lebenslauf/*	*https://lebenslauf.com/vorlagen-und-muster*

6 Ein Vorstellungsgespräch bewältigen

6.1 Vorstellungsgespräch planen

Vorstellungsgespräche finden normalerweise am Ende eines Bewerbungsprozesses statt. Ausbildungsbetriebe wählen dafür anhand der Bewerbungsunterlagen die Kandidaten aus, die sie für den jeweiligen Ausbildungsplatz für am geeignetsten halten.
Bei dem Vorstellungsgespräch geht es dann darum, sich einen persönlichen Eindruck von der Person zu machen. Hilfreich kann es sein, wenn man sich auf das Vorstellungsgespräch vorbereitet. Bewerbungsgespräche unterliegen bestimmten Regeln, an die man sich halten muss. Deshalb sollte man sich vorher mit dem Inhalt des Vorstellungsgesprächs auseinandersetzen und beim Vorstellungsgespräch auf ein gepflegtes Äußeres und insgesamt auf sein Aussehen achten.

https://planet-beruf.de/schuelerinnen/wie-bewerbe-ich-mich/vorstellungsgespraech

Aufgaben

1. Anna, die Person auf dem Foto, hat heute ein Vorstellungsgespräch für einen Ausbildungsplatz als Hotelfachfrau. Erkläre, wie du dir diese Situation vorstellst. Warst du selbst bereits in einer solchen Situation?

2. Beschreibe, wie sich Anna auf ihr Bewerbungsgespräch vorbereiten kann.

3. Nenne mindestens drei Regeln, an die sich Anna bei ihrem Vorstellungsgespräch halten sollte.
   -
   -
   -
   -

4. Unter dem abgebildeten QR-Code findest du alle wichtigen Informationen zu Vorstellungsgesprächen. Setzt euch in Gruppen zusammen und erstellt gemeinsam eine Mindmap zum Thema „Vorstellungsgespräche".

6.2 Das äußere Erscheinungsbild gestalten

Bevor man zu einem Vorstellungsgespräch geht, sollte man für den Beruf passende Kleidung aussuchen. Dabei sind die Anforderungen an die Kleidung für ein Gespräch in einem Handwerkwerksbetrieb andere als etwa in der Gastronomie oder im sozialpflegerischen Bereich. Dabei gilt, dass man grundsätzlich gepflegt aussehen sollte. Die Kleidung kann dann je nach Ausbildungsplatz entsprechend den Anforderungen ausgewählt werden.

Aufgaben

Beschreibe die Kleidung der abgebildeten Bewerber. Nenne mindestens einen Beruf, für den sie sich bewerben könnten.

© Daniel Ernst – stock.adobe.com

© Yuriy Shevtsov – stock.adobe.com

© Alexander Raths – stock.adobe.com

6.3 Vorstellungsgespräch inhaltlich vorbereiten

Um für das Bewerbergespräch inhaltlich gerüstet zu sein, kann man im Vorfeld mögliche Inhalte des Gesprächs vorbereiten. Hier findest du eine Checkliste, die du für Bewerbungsgespräche nutzen kannst:

	Datum, Uhrzeit	Unternehmen	Ansprechpartner/in	erledigt
Termin				
Informationen sammeln	Informationen zum Unternehmen und Geschäftsfeldern bzw. Produkten (Homepage, Zeitung, Freunde/Bekannte etc.) einholen			
	Informationen zum Ausbildungsplatz sammeln			
	Fragen zum Unternehmen stellen			
Persönliche Vorstellung	Kenntnisse, Fertigkeiten, Erfahrungen, Interessen und Begabungen nennen			
	Freizeitaktivitäten und sonstige Informationen zur Person sammeln, die zum Ausbildungsplatz passen			
	„Elevator Pitch" vorbereiten (s. nachfolgendes Kapitel)			
Mögliche Fragen vorbereiten	Freizeitaktivitäten und sonstige Informationen zur Person sammeln			
	Schlechte Noten, Schulwechsel und Besonderheiten im Lebenslauf begründen			
	Stärken und Schwächen überlegen und begründen			

6.4 Einen „Elevator Pitch" vorbereiten

Eine gute Möglichkeit, sich positiv in einem Bewerbungsgespräch zu präsentieren, ist ein sog. „Elevator Pitch". Damit ist eine kurze Rede gemeint (ca. 60 Sekunden), bei der sich der Bewerber vorstellen kann und dem Gesprächspartner alle wichtigen Informationen präsentiert. Dies kann nach folgendem Muster vorbereitet werden:

Einleitung	Daten und Fakten zur Person: Name, Alter, Wohnort, Hobbies und Wissenswertes zur Person Motivation für den Ausbildungsplatz: „Warum bin ich genau der/die Richtige für den Ausbildungsplatz?"
Hauptteil	Erfahrungen, Fähigkeiten und Fertigkeiten: „Was befähigt mich dazu, diesen Ausbildungsberuf zu wählen? Welche beruflichen Erfahrungen habe ich bereits gemacht? Habe ich Praktika oder Nebenjobs absolviert? Über welche Fähigkeiten und Fertigkeiten verfüge ich? Wie habe ich diese erworben?"
Schluss	Zusammenfassung der Gründe des Bewerbers für Beruf und Unternehmen „Wie kam ich zu dem Entschluss, mich gerade für diesen Ausbildungsberuf in diesem Unternehmen zu bewerben?"

Aufgaben

1. Sammle alle Informationen, die du für deinen persönlichen „Elevator Pitch" benötigst.

____

____

____

____

2. Übe deinen „Elevator Pitch" mit einer Vertrauensperson ein. Reflektiere deine Präsentation im Anschluss mit der Person.
3. Nimm deinen persönlichen „Elevator Pitch" mit einem Handy auf.
4. Präsentiere dein Video der Klasse. (freiwillig)

6.5 Vorstellungsgespräch einüben

Gesprächsablauf	wichtige Gesprächinhalte	Körpersprache	Auftreten
a) Begrüßung und Kennenlernen ■ mit Vor- und Zunamen vorstellen ■ Small Talk ■ Höflichkeit ■ fester Händedruck b) Vorstellung des Unternehmens ■ Sinvolle Fragen stellen c) Vorstellung des Bewerbers ■ persönlicher Werdegang ■ Bewerbungsgründe ■ Berufliche Vorkenntnisse ■ Sonstige Kenntnisse und Fertigkeiten ■ „Elevator Pitch" d) Abschluss des Gesprächs ■ Gezielte Fragen ■ Verabschiedung	■ Person des Bewerbers – am Lebenslauf orientieren – nur für den Ausbildungsplatz nutzliche Informationen ■ Gründe der Bewerbung – Motivation für den Ausbildungsberuf – persönliche Interessen und Begabungen ■ Gründe für die Einstellung – berufliche Vorerfahrungen Praktika, Nebenjobs, Ehrenämter – Fähigkeiten und Fertigkeiten Praktische Tätigkeiten, Hobbies, Zertifikate ■ Stärken und Schwächen – Korrekte, nicht alltägliche Stärken auswählen – Schwächen nutzen, um Stärken zu betonen	■ Erster Eindruck – Ausstrahlung von Sympathie, Kompetenz und Verlässlichkeit ■ Klare, gerade Körperhaltung ■ Freundlichkeit – Lächeln – Natürlichkeit ■ Ruhiges und gezieltes Laufen ■ gerade Sitzhaltung – Rücken strecken – nicht zu lässig – Interesse signalisieren	■ Pünktlichkeit ■ Augenkontakt halten – freundlicher Blickkontakt ■ Sicherheit ausstrahlen – keine übertriebene Nervosität ■ Glas Wasser oder Tasse Kaffee annehmen ■ Ruhe ausstrahlen – keine Hektik in den Bewegungen – Reagieren statt Agieren ■ interessierte Gesprächsführung – gut zuhören – Interesse signalisieren – Rückfragen stellen – unterstützende Gesten

Aufgaben

1. Bereite dich entsprechend den Anforderungen auf ein Vorstellungsgespräch zu deinem Wunscharbeitsplatz vor. Orientiere dich hierfür an der unten abgebildeten Tabelle
2. Führe mit deinem Freund/Familienmitglied/Mitschüler/Lehrer ein Rollenspiel durch, bei dem die andere Person die Rolle des Arbeitgebers einnimmt.

Lerngebiet 3: Bewältigung von für Ausbildung und Beruf typischen Kommunikationssituationen

1 Bedienungsanleitungen und Betriebsanweisungen verstehen
2 Gefahrenstoffe und ihre Auswirkungen verstehen
3 Verhaltensweise und Vorgehensweise bei einem Notfall kennen
4 Kundengespräche führen
5 Geschäftliche Telefonate führen
6 Formulare ausfüllen
7 Innerbetriebliche Mitteilungen verfassen
8 Geschäftliche Briefe verfassen
9 Vorgänge beschreiben
10 Berichte erstellen

1 Bedienungsanleitungen und Betriebsanweisungen verstehen

Sowohl im privaten als auch im beruflichen Alltag kann es vorkommen, dass man technische Geräte zum ersten Mal in Betrieb nimmt. Während in einer Betriebsanweisung wesentliche Informationen zum sicheren und sachgemäßen Umgang enthalten sind, findet man in einer Bedienungsanleitung eine schrittweise Erklärung zur Inbetriebnahme, Bedienung und dem Umgang mit dem jeweiligen Produkt. Hersteller sind gesetzlich dazu verpflichtet, den Verbrauchern und Verbraucherinnen eine Anleitung zur Verfügung zu stellen. Nutzerhandbücher sind heutzutage zunehmend digitalisiert und können im Internet jederzeit aufgerufen werden. Sie sind in einer einfachen Sprache verfasst und enthalten häufig zum besseren Verständnis Abbildungen.

Aufgaben

1. Beschreibe die Bilder 1 und 2 in eigenen Worten.
2. In Bild 3 ist eine Sonderform von Bedienungsanleitungen abgebildet.
   Tausche dich mit einem Mitschüler über die Vorteile dieser Darstellungsform aus.
3. Bonus: Notiere in deinem Heft weitere konkrete Beispiele für Betriebsanweisungen.

Bild 1:

____

____

____

____

Bild 2:

____

____

____

____

Bild 3:

____

____

____

____

4. Ordne die Arbeitsschritte in der richtigen Reihenfolge.

Bedienungsanleitung der Kaffeemaschine Modell KA2024

	Geben Sie Kaffeepulver in den Filter.		Leeren Sie den verbrauchten Kaffeefilter.
	Stellen Sie die Kaffeekanne unter die Filtervorrichtung.	1	Schließen Sie das Gerät an den Strom an.
	Schalten Sie das Gerät ein.		Warten Sie bis das Wasser vollständig durchgelaufen ist.
	Setzen Sie einen Filter in die Filtervorrichtung.		Reinigen Sie die Filtervorrichtung und die Kaffeekanne nach dem Gebrauch.
	Befüllen Sie den Wassertank mit Wasser.		

2 Gefahrenstoffe und ihre Auswirkungen verstehen

2.1 Gefährliche Stoffe beachten

Gefahrenstoffe sind Stoffe oder Stoffgemische mit gefährlichen Eigenschaften, die für Menschen, Tiere und Umwelt schädigend sind. Beispiele für Gefahrenstoffe sind Chemikalien in Reinigungsmitteln sowie Abgase von Fahrzeugen oder in der Industrie. Der Mensch kann diese auf unterschiedliche Weise aufnehmen: Gase, Dämpfe, Rauch und Staub können vom Menschen eingeatmet werden. Stäube und Flüssigkeiten können verschluckt werden oder von der Haut aufgenommen werden. Beim Umgang mit gefährlichen Stoffen sollte man immer vorsichtig sein und eine persönliche Schutzausrüstung (kurz: PSA) tragen.

Aufgaben

1. Vervollständige den Lückentext, indem du passende Begriffe aus der TIPP-BOX in die freien Felder einträgst.

> **TIPP:** *Behälter – Getränke – Gefahrstoffe – Haut – Atemschutz – essen oder trinken – Arbeitskleidung – Hände – Körper – Schutzmaßnahmen – gefährlichen Stoffe – Alltagskleidung – persönliche Schutzausrüstung – Brandgefahr – gefährliche Stoffe*

Der richtige Umgang mit Gefahrenstoffen

Um zu verhindern, dass man gefährliche Stoffe über die Atemwege, die Verdauung oder die ______________ aufnimmt, sind verschiedene ______________ notwendig: Während man mit ______________ arbeitet, sollte man immer darauf achten, seine ______________ zu tragen. Dazu zählen Schutzhelme, Schutzbrillen, Gehörschutz, ______________, Sicherheitsschuhe, Schutzhandschuhe und Schutzkleidung. Man sollte außerdem nichts ______________ oder ______________ ______________ können nämlich leicht über Lebensmittel und ______________ in den menschlichen Körper gelangen. Ebenso besteht beim Umgang mit Gefahrenstoffen oftmals eine erhöhte ______________, weshalb man hier auf das Rauchen verzichten sollte. Bevor man in einem Betrieb einen Pausen- oder Aufenthaltsraum betritt, sollte man die getragene ______________ ablegen und sich stets die ______________ gründlich waschen, um den eigenen ______________ zu schützen. Nach der Arbeit ist darauf zu achten, dass man von der Arbeitskleidung in die ______________ wechselt, um keine ______________ ______________ zu transportieren. Nach dem Gebrauch von Gefahrenstoffen sind diese immer ordnungsgemäß zu lagern. Leere ______________ und Gebinde sind fachgerecht entsorgen.

2. Welche Folgen können Gefahrenstoffe für den Menschen und die Umwelt haben? Notiere vier Beispiele.

- ______________
- ______________
- ______________
- ______________

2.2 Gefahrenstoffsymbole erkennen

In der gesamten Europäischen Union sind Gefahrenstoffe einheitlich mit Symbolen und Warnhinweisen gekennzeichnet. Die Symbole sind rautenförmig und fallen durch ihre rote Farbe auf. Es ist wichtig, die Symbole zu kennen und ihre Bedeutung zu verstehen, um mögliche Gefahren zu vermeiden. Die Zeichen warnen beispielsweise vor einer möglichen Explosionsgefahr oder entzündlichen Stoffen, die leicht Feuer fangen und dann brennen können. Solche Stoffe müssen unbedingt vor Hitzequellen und Flammen geschützt werden. Manche Stoffe sind mit einem Giftzeichen versehen, da diese für den Menschen gesundheitsschädlich und schlimmstenfalls sogar tödlich sein können. Ätzende Substanzen können insbesondere die Haut, die Augen und die Atemorgane reizen und schädigen. Deshalb sollte man bei deren Verwendung immer seine persönliche Schutzausrüstung tragen.

Aufgabe

Schau dir die folgenden Gefahrensymbole genau an. Notiere in der Tabelle Beispiele für Produkte, die mit diesen Symbolen gekennzeichnet sind.

Kennzeichnung und Bedeutung		Beispiele
	**Achtung: Gefährlich!**	Lackdosen, Haarspray, Waschmittel
	**Achtung: Entzündlich!**	
	**Achtung: Ätzend!**	
	**Vorsicht: Umweltgefährdend!**	
	**Achtung: Explosiv!**	
	**Vorsicht: Giftig!**	

Aufgabe

Mit welchen gefährlichen Stoffen hast du bereits gearbeitet? Notiere Beispiele.

-
-
-
-

2.3 Sicherheitszeichen im Betrieb unterscheiden

In einem Betrieb gibt es viele Gefahren, die zu Unfällen führen können. Eine bedeutende Maßnahme zur Unfallverhütung und zum Gesundheitsschutz bilden die Sicherheitszeichen. Sie dienen dazu, Mitarbeiter und Mitarbeiterinnen darauf aufmerksam zu machen und sie zu warnen. Die Sicherheitszeichen beinhalten wichtige Informationen und sind einheitlich gestaltet. Es handelt sich um bildhafte Darstellungen, die sogenannten Piktogramme. Sie sind einfach gestaltet und selbsterklärend. Man unterscheidet fünf Sicherheitszeichen.

Aufgabe

Informiere dich mithilfe des QR-Codes über Sicherheitszeichen.
Vervollständige anschließend die Tabelle zu den Sicherheitszeichen und erkläre kurz deren Bedeutung.

Sicherheitszeichen	Merkmale	Symbol	Bedeutung
Verbotszeichen	Kreis, rot, durchgestrichen	 © eyewave – stock.adobe.com	Rauchen verboten!
Gebotszeichen	Kreis, blau		______________
Warnzeichen	Dreieck, gelb		______________
Rettungszeichen	Quadrat, grün		______________
Brandschutzzeichen	Quadrat, rot		______________

www.bghm.de/arbeitsschuetzer/praxishilfen/sicherheitszeichen

3 Verhaltensweise und Vorgehensweise bei einem Notfall kennen

3.1 Notfallsituationen im privaten und beruflichen Alltag erkennen

Bei einem Notfall handelt es sich um ein Ereignis, bei dem eine ernste Bedrohung für Gesundheit und Leben besteht. In manchen Fällen geht es hierbei um wenige Sekunden, um einen Menschen zu retten. Um in solchen Situationen richtig reagieren und handeln zu können, sollte man gut vorbereitet sein und notwendige Maßnahmen kennen. Regelmäßige Schulungen und Übungen tragen dazu bei, dass man lernt, bei Notfällen richtig und schnell zu reagieren.

Aufgabe

Notiere fünf Beispiele für Notfälle in einem Betrieb.

- ______________________
- ______________________
- ______________________
- ______________________
- ______________________

3.2 Notfallnummern und Bereitschaftsdienst im Saarland kennen

Wenn man in eine Notlage gerät oder dringend Hilfe benötigt, so helfen einem die Notfallnummern oder der örtliche Bereitschaftsdienst weiter.

Aufgabe

1. Lies die Notfallnummern und die dazugehörigen Notfallkontakte im Saarland. Übertrage sie anschließend in deine Lernunterlagen und lerne sie auswendig.

Notfallnummer	Notfallkontakt	Beschreibung
112	Notruf und Rettungsdienst	z. B. bei schweren Unfällen, Bränden oder akuten Erkrankungen
110	Polizei	z. B. bei Bedarf einer polizeilichen Unterstützung
06841-19240	Giftnotrufzentrale des Saarlandes	z. B. bei Vergiftungen oder dem Verdacht auf Vergiftungen
19 222	Krankenbeförderung oder Krankentransport von Patienten	z. B. wenn kein Notfall vorliegt, jedoch ein Krankentransport in Begleitung von medizinischem Fachpersonal notwendig ist
116 117	Ärztlicher Bereitschaftsdienst	z. B. bei akuten Erkrankungen oder Verletzungen außerhalb der regulären Praxiszeiten

2. Im Folgenden sind verschiedene Situationen beschrieben. Notiere in einer Tabelle zu jedem Fall die richtige Rufnummer.

TIPP: *Anzeichen für Herzinfarkt – grippaler Effekt mit Fieber – starke Schmerzen einer Schwangeren – Kind verschluckt Waschpulver – allergischer Schock – Krankentransport von nicht lebensbedrohlichen Erkrankungen – Autounfall mit Verletzten – Magen-Darm-Infekt mit Brechdurchfall*

Aufgaben

Lies dir die Praktikumserfahrung von Tobias durch und bearbeite anschließend die Aufgaben.

Tobias (16) berichtet seinem Freund Max von seinem Praktikum:

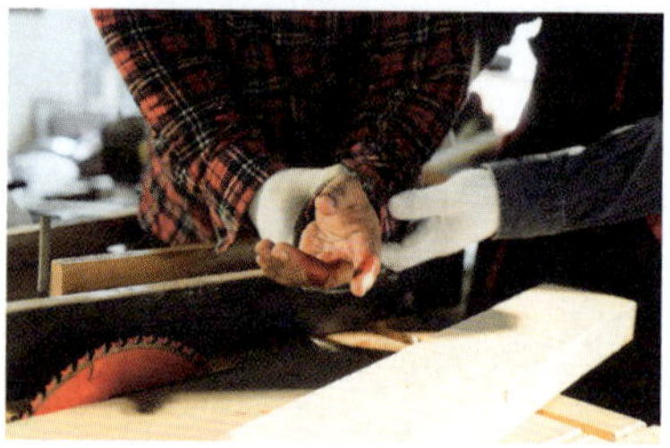

Tobias: „Das dreiwöchige Praktikum bei der Firma Holzhauer in Neunkirchen hat mir wirklich viel Spaß gemacht. Nach der AV möchte ich dort unbedingt eine Ausbildung als Schreiner machen. Trotz der vielen tollen Momente, kam es in der letzten Woche leider zu einem schlimmen Arbeitsunfall: Ich war mit meinem Kollegen Philipp bei einer Kundin in Neunkirchen und sollte dort Parkettboden verlegen. Als Philipp die Dielen mit der Elektrosäge zuschnitt, war er einen kurzen Moment durch sein Handy abgelenkt und schnitt sich in die linke Hand. Philipp schrie vor Schmerzen. Durch meinen Erste-Hilfe-Kurs, den ich für meinen Rollerführerschein machen musste, wusste ich sofort, was zu tun ist: Ich wählte den Notruf 112 und schilderte den Vorfall. Die Sanitäter trafen bereits nach kurzer Zeit ein und versorgten meinen Kollegen. Danach brachten sie ihn mit Blaulicht ins Krankenhaus nach Homburg. Dort stellte sich heraus, dass es sich nur um eine tiefe Schnittwunde handelte, die genäht werden konnte."

Max: „Zum Glück wusstest du sofort, was zu tun ist."

1. Beschreibe in eigenen Worten, was Tobias während seines Praktikums in der Schreinerei erlebt hat. Halte dein Ergebnis schriftlich fest.

____

____

____

2. Kreuze die jeweils richtige Antwort an.

a) Wie alt ist Tobias?	☐ 15 Jahre	☐ 14 Jahre	☐ 16 Jahre
b) Wie heißt der Freund von Tobias?	☐ Carlos	☐ Max	☐ Carsten
c) Welche Schulform absolviert Tobias?	☐ HAB	☐ BFS	☐ AV
d) Wie heißt der Praktikumsbetrieb?	☐ Hamann	☐ Hollinger	☐ Holzhauer
e) In welcher Stadt fand das Praktikum statt?	☐ Homburg	☐ Neunkirchen	☐ Wadern
f) Wie lange dauerte das Praktikum?	☐ ein Monat	☐ 14 Tage	☐ drei Wochen
g) In welchem Beruf hat Tobias ein Praktikum gemacht?	☐ Maler/in	☐ Schreiner/in	☐ Maurer/in
h) Wie hieß der Arbeitskollege von Tobias?	☐ Holger	☐ Niko	☐ Philipp
i) Welche Rufnummer hat Tobias gewählt?	☐ 101	☐ 220	☐ 112
j) Warum hat Tobias einen Erste-Hilfe-Kurs besucht?	☐ Langeweile	☐ Führerschein	☐ Interesse
k) Welche Verletzung hatte der Arbeitskollege?	☐ keine	☐ Beinbruch	☐ Schnittwunde
l) Wo befindet sich das Krankenhaus?	☐ St. Wendel	☐ Völklingen	☐ Homburg

3.3 Rettungskette einhalten

© Rokas – stock.adobe.com

Damit Betroffenen bei einem Notfall schnellstmöglich geholfen werden kann, sollte man die richtige Vorgehens- und Verhaltensweise kennen. Eine entscheidende Rolle spielt dabei die Einhaltung der Rettungskette.

Aufgaben

1. Lies die fünf Schritte zum Ablauf einer Rettungskette. Lerne sie auswendig und trage sie einem Mitschüler/einer Mitschülerin vor.

Schritt 1: Notruf absetzen
Hierbei handelt es sich um den ersten Schritt der Notrufkette. Dabei wählt man die Notrufnummer 112. Der Notruf sollte möglichst genau und klar formuliert werden, damit eine angemessene Hilfeleistung erfolgen kann.
Schritt 2: Erste-Hilfe leisten
Ersthelfer sollten sofort mit den Erste-Hilfe-Maßnahmen am Unfallort beginnen. Dabei wird das Opfer zunächst angesprochen und die Vitalfunktionen überprüft (z. B. Atmung, Herzschlag). Danach werden Maßnahmen wie eine Herz-Lungen-Massage bei einem Herzstillstand durchgeführt oder Druckverbände bei Wunden angelegt.
Schritt 3: Rettungsdienst einleiten
Die Leitzentrale informiert nach Eingang eines Notrufs den Rettungsdienst, der sich unmittelbar zum Ort des Geschehens begibt und die betroffene Person versorgt und für den Transport stabilisiert.
Schritt 4: Krankenhaustransport durchführen
Der Transport in ein Krankenhaus sollte schnell und schonend erfolgen, um dort eine bestmögliche Versorgung sicherzustellen.
Schritt 5: Weiterbehandlung und Rehabilitation veranlassen
Eine weitere Behandlung erfolgt meistens in einem Krankenhaus oder einer Arztpraxis. Der Rettungsdienst informiert die Ärzte. Je nach Unfall oder Verletzung erfolgt eine Behandlung zur Herstellung der körperlichen und psychischen Gesundheit.

2. Wähle fünf Begriffe aus der Wortwolke zum Thema *Rettungskette* und erkläre deren Bedeutung bei einem Notfall.

Begriff	Erklärung

© Katharina Korst-Hoff

3.4 Erste-Hilfe leisten

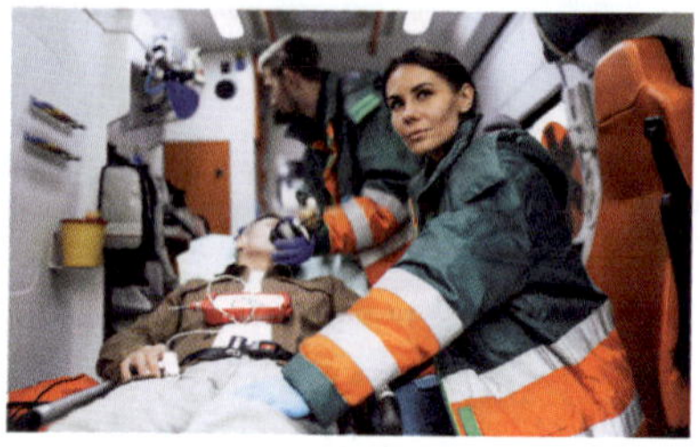

Sowohl im beruflichen als auch im privaten Alltag können Unfälle passieren. Erste-Hilfe zu leisten bedeutet, dass man bei einem Notfall schnell und richtig handelt. In Deutschland besteht eine gesetzliche Pflicht dazu, Erste-Hilfe zu leisten. Unterlässt man diese Hilfeleistung, so kann man sich gegebenenfalls strafbar machen. Erste-Hilfe-Kurse für Kinder, Jugendliche und Erwachsene werden regelmäßig von verschiedenen Organisationen und Einrichtungen, wie dem Deutschen Roten Kreuz, den Johannitern oder dem Malteser-Dienst angeboten. Für den Erwerb des Führerscheins oder bei bestimmten Berufen wie zum Beispiel Erziehern oder Lehrern, ist die Teilnahme an einem Erste-Hilfe-Kurs verpflichtend. Jeder Teilnehmer und jede Teilnehmerin erhalten am Ende eines Kurses ein Zertifikat.

Aufgaben

1. Schau dir das Lernvideo an. Wie lauten die die fünf W-Fragen?

https://www.youtube.com/watch?v=GzPrkiNWHPo

- ______
- ______
- ______
- ______
- ______

2. Was gehört in einen Erste-Hilfe-Koffer? Benenne sechs Gegenstände.

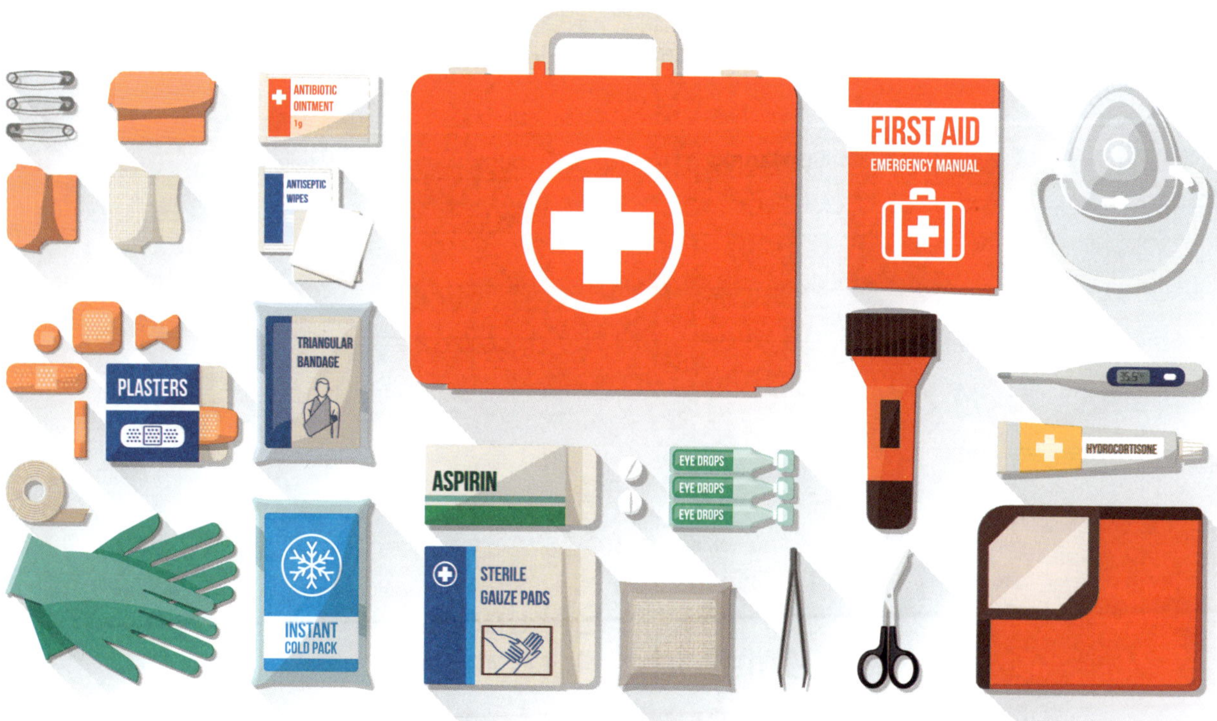

- ______
- ______
- ______
- ______
- ______
- ______

4 Kundengespräche führen

4.1 Professionell mit Kunden umgehen

Kundengespräche dienen dazu, den Kunden kennenzulernen und dessen Bedürfnisse zu erfahren. Das oberste Ziel eines Unternehmens ist es, den Kunden zufriedenzustellen und ihn langfristig an sich zu binden (Kundenbindung). Deshalb sollte man im Umgang mit Kunden immer professionell sein.

Aufgabe

Erkläre die Bedeutung der folgenden Aussage:

Es gibt verschiedene Arten von Kunden. Sie kennzeichnen sich durch unterschiedliche Bedürfnisse sowie Verhaltensweisen. Manchmal kann es vorkommen, dass ein Kunde mehrere Merkmale unterschiedlicher Kundentypen aufweist.

- Der Neugierige: Dieser Kunde ist interessiert und wünscht sich Informationen und Empfehlungen eines Verkäufers zu Produkten und Dienstleistungen. Er vertraut dem Verkäufer und möchte ausführlich zu allem beraten werden.
- Der Unzufriedene: Ein unzufriedener Kunde ist sehr genau und gründlich. Er achtet auf jedes Detail und merkt Dinge direkt an.
- Der Entschlossene: Er weiß genau, was er möchte und trifft schnell Entscheidungen. Oft ist er auch bereit, einen höheren Preis für ein Produkt zu zahlen.
- Der Unentschlossene: Dieser Kunde kann sich nicht entscheiden und benötigt dabei Hilfe. Er muss häufig beraten und überzeugt werden, um die richtige Wahl zu treffen.
- Der Kritische: Er ist ein anspruchsvoller Mensch und hinterfragt vieles. Er will ernst genommen werden und Lösungswege aufgezeigt bekommen.
- Der Sparfuchs: Dieser Kunde ist sehr preisbewusst und vergleicht Angebote. Manchmal verhandelt er auch, da er den besten Preis erzielen möchte.
- Der Besserwisser: Er ist sehr an den Produkten oder einer Dienstleistung interessiert. Oft verfügt er über ein weitreichendes Fachwissen, das er gerne in Gesprächen zeigt.
- Der Gesellige: Ein geselliger Kunde mag den persönlichen Kontakt und freut sich über ein nettes Gespräch.

Aufgabe

Welcher Kundentyp ist es? – Entscheide aufgrund deines Wissens, um welchen Kundentyp es sich handelt. Notiere anschließend einen Tipp zum richtigen Umgang mit ihm.

Kunde: *„Ich habe mich bereits im Internet über das Gerät informiert, jedoch würde mich Ihre Meinung zu der Küchenmaschine interessieren. Können Sie mir von Erfahrungen anderer Kunden berichten oder vergleichbare Produkte anbieten?"*

- Kundentyp: ____________
- Tipp zum Umgang: ____________

4.2 Kommunikationsregeln im Umgang mit Kunden beachten

In einem Kundengespräch gilt es, die Wünsche sowie Bedürfnisse und Erwartungen des Kunden in Erfahrung zu bringen. Um dabei erfolgreich zu sein, helfen folgende Kommunikationsregeln:

- Sei immer freundlich und höflich. Zeige Interesse am Kunden und höre ihm zu.
- Sprich einfach und deutlich mit dem Kunden, sodass er dich versteht.
- Sei aufmerksam und unterbrich den Kunden nicht. Nimm sein Anliegen ernst.
- Halte Blickkontakt, um ihm zu zeigen, dass er wichtig ist.
- Achte auf deine Körpersprache. Lächle ein wenig und halte etwas Abstand.
- Bleib ruhig in schwierigen Situationen und finde Lösungen.
- Sei verständnisvoll, wenn du Beschwerden entgegennimmst.
- Stelle angemessene Fragen, um besser auf den Kunden eingehen zu können.
- Schaffe Vertrauen zum Kunden, indem du Versprechen oder Zusagen einhältst.
- Fasse am Ende eines Gespräches nochmal alles zusammen, um Missverständnisse zu vermeiden.

Aufgabe

Findet euch in Kleingruppen von zwei Personen zusammen. Überlegt gemeinsam, welche Bedürfnisse und welche Erwartungen man als Kunde oder Kundin hat. Haltet eure Ergebnisse schriftlich fest.

Welche Bedürfnisse und Erwartungen haben Kunden?

Mitarbeiter/in hat Fachwissen

© strichfiguren – stock.adobe.com

4.3 Sich höflich gegenüber Kunden benehmen

In der Geschäftswelt ist ein höflicher Umgang besonders wichtig, da er sich auf die Geschäftsbeziehung auswirkt. Kunden spielen eine entscheidende Rolle für ein Unternehmen und deren Wirtschaftlichkeit: Sie entscheiden über wirtschaftliche Gewinne und Verluste, indem sie Produkte kaufen oder Dienstleistungen in Anspruch nehmen (Kaufkraft). Der langfristige Erfolg eines Unternehmens ist somit von den Kunden abhängig. Es gibt viele Möglichkeiten, sich höflich gegenüber Kunden zu benehmen. Sei es etwa durch eine freundliche Begrüßung oder angemessene Verabschiedung, eine Anrede mit Sie, ein freundliches Lächeln oder ein leichtes Zunicken.

Aufgaben

1. Kreuze an, ob es sich um ein höfliches oder unhöfliches Benehmen handelt.

		höflich	unhöflich
1	Hände in die Hosentasche stecken		
2	Blickkontakt halten		
3	Handy während der Arbeitszeit benutzen		
4	Kaugummi kauen		
5	Kunden unterbrechen		
6	Hand zur Begrüßung geben		
7	Kopfhörer tragen		
8	Sich entschuldigen		
9	Kunden mit „Du" ansprechen		
10	Über andere Kunden lästern		
11	„Bitte" und „Danke" sagen		
12	Leicht lächeln		

© Viktoriia – stock.adobe.com

© Kitreel – stock.adobe.com

2. a) Notiere drei weitere Beispiele für *höfliches* Benehmen in einem Betrieb.
   - ■ ______
   - ■ ______
   - ■ ______

   b) Notiere drei weitere Beispiele für *unhöfliches* Benehmen in einem Betrieb.
   - ■ ______
   - ■ ______
   - ■ ______

© strichfiguren – stock.adobe.com

3. Wie verhalte ich mich richtig gegenüber einem Kunden? Fertige zu dieser Frage eine Übersicht mit Regeln an.

5 Geschäftliche Telefonate führen

5.1 Informationen angemessen wiedergeben

Telefonate können sowohl privat als auch beruflich geführt werden. Private Gespräche werden eher formlos und locker geführt. Bei geschäftlichen Telefonaten muss man darauf achten, sich professionell und angemessen zu verhalten. Der Kunde oder Gast erwartet einen freundlichen und höflichen Umgang. Dieser ist wichtig für die Außenwirkung eines Unternehmens.

Der erste Eindruck zählt

Justin (15) besucht derzeit die Ausbildungsvorbereitung. Er möchte danach eine Ausbildung zum Hotelfachmann machen. Sein Schulpraktikum macht er im Hotel SaarZeit in Mettlach, um dort erste Berufserfahrungen zu sammeln.
Er arbeitet an der Rezeption, als das Telefon klingelt und er abhebt.

Justin: „Hi, hier ist Justin. Was gibt's?"

Gast: „Hallo, mein Name ist Eva Hartmann aus Trier. Bin ich mit dem Hotel SaarZeit in Mettlach verbunden?"

Justin: „Ja, korrekt!"

Gast: „Prima, ich würde gerne ein Doppelzimmer für zwei Personen am kommenden Wochenende reservieren. Können Sie mir bitte sagen, ob das möglich ist und was es kosten würde?"

Justin: „Jo, eigentlich schon. Ich denke mal, dass Sie locker 200 Euro zahlen müssen. Am besten sprechen Sie da aber mal mit meinem Chef. Er ist gerade nicht da. Unter welcher Nummer kann er Sie erreichen?"

Gast: „Gerne, das wäre sehr nett. Meine Nummer lautet: 0651 100200."

Justin: „Top! Ich habe mir die Nummer notiert. Er meldet sich dann wie gesagt."

Gast: „Vielen Dank und auf Wiederhören."

Justin: „Kein Ding! Ciao, ciao."

Aufgaben

Hoppla, hier ist einiges schiefgelaufen.

1. Zähle zwei Fehler auf, die Justin während des Telefonats mit Frau Hartmann gemacht hat.
   - ■
   - ■
2. Erkläre, weshalb sein Verhalten unangemessen ist.
   - ■
   - ■
3. Notiere mögliche Folgen von Justins Verhalten.
   - ■
   - ■

4. Wie sollte sich Justin zukünftig bei einem geschäftlichen Telefonat verhalten? Notiere ein Beispiel für eine angemessene Begrüßung und eine Verabschiedung am Telefon.
   - ■
   - ■

5.2 Telefonnotizen erstellen

Betriebliche Telefonate können sowohl angenommen werden als auch nach außen geführt werden. Bei einem Telefongespräch sind – genau wie bei Gesprächen vor Ort – bestimmte Regeln und Umgangsformen mit den Kunden zu beachten. Deshalb sollte man bei Anrufen auf eine freundliche Stimme, positive Formulierungen sowie auf klare Fragestellungen achten. Zunächst erfolgt eine Begrüßung, danach werden der Firmennamen und dann der eigene Name genannt. Nach der allgemeinen Kontaktaufnahme erkundigt man sich nach dem Anliegen. Während des Gesprächsverlaufs empfiehlt es sich, alle wichtigen Informationen schriftlich in einer Notiz festzuhalten. Eine Telefonnotiz hilft den Mitarbeitern bei der weiteren Bearbeitung eines Anliegens.

Aufgabe

Lies dir das nachfolgende Telefongespräch aufmerksam durch. Erstelle anschließend dazu eine Telefonnotiz.

Metzgermeister Adams fährt am frühen Montagmorgen zum Großmarkt, um neue Fleisch- und Wurstwaren einzukaufen. Er bittet seine Auszubildende Marie (15) während seiner Abwesenheit Kundenanrufe entgegenzunehmen und jedes Gespräch mithilfe einer Telefonnotiz schriftlich festzuhalten. Eine Kundin ruft um 8:10 Uhr in der Metzgerei an. Die Auszubildende nimmt das Gespräch entgegen.

Marie: „Guten Tag, hier ist die Metzgerei Adams, Sie sprechen mit Marie Philippi. Was kann ich für Sie tun?"

Kundin: „Schönen guten Morgen, hier Beate Kaiser. Meine Tochter Julia wird in zwei Monaten 18 Jahre alt und wir möchten ihren Geburtstag feiern. Dazu bräuchten wir einen Partyservice von Ihnen. Können Sie mir da weiterhelfen?"

Marie: „Gerne, wann wäre denn die Feier?"

Kundin: „Am 30.XX.20XX."

Marie: „Für wie viele Gäste?"

Kundin: „Es werden etwa 60 Personen kommen. Vielleicht rechnen wir lieber mit 65 Gästen."

Marie: „Haben Sie schon eine bestimmte Vorstellung, was das Essen betrifft?"

Kundin: „Wir dachten da an gebratene Frikadellen, gefüllte Paprika, Bratwürste und Wiener. Gerne auch ein paar Salate."

Marie: „In Ordnung, ich habe mir alles notiert und werde es meinem Chef weitergeben. Soll er Sie später zurückrufen?"

Kundin: „Gerne. Wenn es noch diese Woche klappen würde, wäre das super."

Marie: „Selbstverständlich, ich kümmere mich darum. Kann ich sonst noch etwas für Sie tun?"

Kundin: „Nein danke. Ich erwarte dann den Anruf Ihres Chefs. Ein Angebot können Sie mir gerne per E-Mail zusenden."

Marie: „Gut, dann bräuchte ich bitte noch Ihre Telefonnummer sowie E-Mailadresse."

Kundin: „Meine Telefonnummer ist die 06861 500 600. Ich bin täglich ab 17 Uhr zu erreichen. Alternativ können Sie auch gerne auf den Anrufbeantworter sprechen. Die Mailadresse lautet b.kaiser@mail.abc."

Marie: „Dann habe ich alle Informationen, die ich brauche. Wir melden uns bei Ihnen. Auf Wiederhören."

Kundin: „Herzlichen Dank und auf Wiederhören."

Telefonnotiz – Metzgerei Adams in Dillingen

Datum: ______ Uhrzeit: ______

Name des Anrufers: ______

Entgegengenommen von: ______

Kontaktmöglichkeiten (z. B. Telefon, E-Mail): ______

Anruf für: ______

Anliegen/Betreff: ______

☐ Rückruf erwünscht
☐ kein Rückruf nötig
☐ Anrufer meldet sich erneut

6 Formulare ausfüllen

6.1 Formulare im Alltag nutzen

Ein Formular ist ein vorgefertigtes Dokument, das in der Wirtschaft und der Verwaltung verwendet wird. Formulare vereinfachen und beschleunigen Arbeitsprozesse in Behörden, Ämtern oder Unternehmen. Die Vordrucke sind entweder in Papierform erhältlich oder digital verfügbar. Einige Formulare benötigen möglicherweise zusätzliche Unterlagen oder Dokumente. Ein Formular besteht in der Regel aus einzelnen Textfeldern oder Fragen mit Ankreuzfeldern. In die freien Felder trägt man verschiedene Angaben ein. Diese müssen gut lesbar und wahrheitsgemäß sein.

Aufgaben

1. Wähle fünf Begriffe aus der Wortwolke zum Thema Formulare und erkläre deren Bedeutung.

Begriff	Erklärung

© Robert Kneschke – stock.adobe.com

© Katharina Korst-Hoff

2. Findet euch in Kleingruppen von zwei Personen zusammen. Nennt weitere Beispiele für Formulare im privaten und beruflichen Alltag. Haltet eure Ideen in einer Mindmap schriftlich fest.

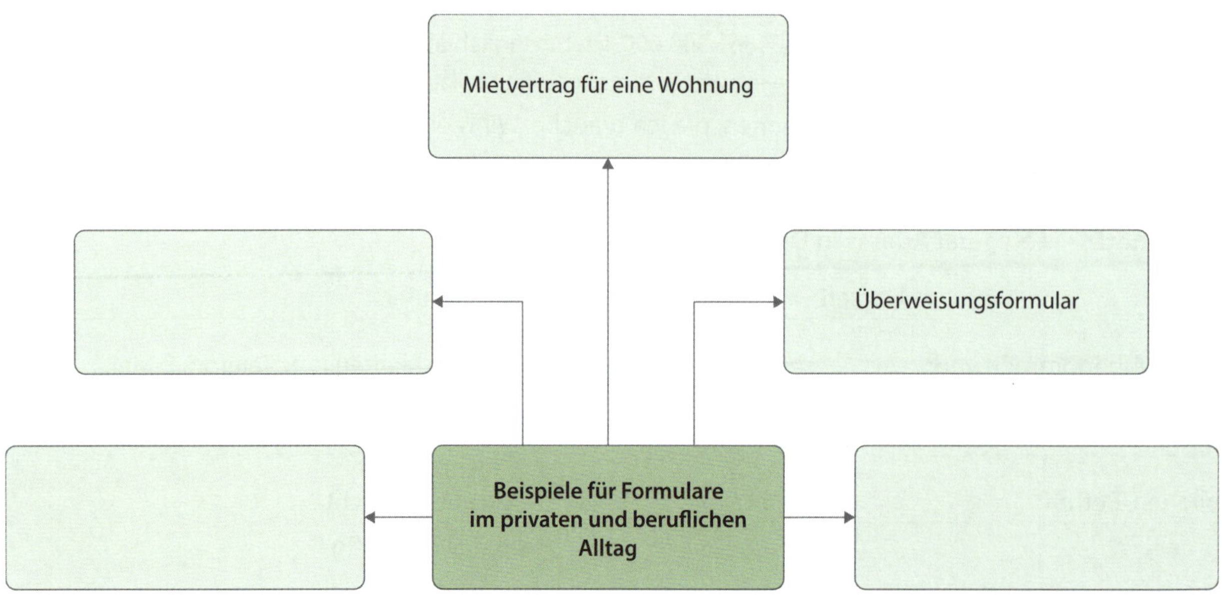

6.2 Rechnungen bezahlen

In Deutschland sind Kinder und Jugendliche beschränkt geschäftsfähig, das heißt, dass sie nach Zustimmung ihrer Eltern Verträge, die für ihren Lebensbedarf (z. B. Kleidung, Lebensmittel) notwendig sind, abschließen dürfen. Die geltenden Regeln und Vorschriften für Minderjährige sind im Bürgerlichen Gesetzbuch (BGB) beschrieben. Demnach haben sie die Pflicht, sämtlichen Vereinbarungen und Verträgen nachzukommen sowie Zahlungen zu leisten.

Aufgabe

Yves (19) hat sich im Internet Sportschuhe bestellt. Zwei Tage später erhält er ein Paket mit seiner Bestellung und einer Rechnung.

Schau dir die Rechnung genau an. Verbinde mithilfe eines Pfeils die Angaben mit den Informationen aus der Rechnung.

Sporthaus Falke – Hauptstraße 20 – 66240 Saarlouis

Rechnung

Sehr geehrter Herr Fontaine,

vielen Dank für Ihre Bestellung im Sporthaus Falke, Saarlouis. Bitte überweisen Sie den entsprechenden Betrag zu Ihrer Bestellung innerhalb der nächsten 14 Tage auf das genannte Konto.

Mit freundlichen Grüßen

Ihr Sporthaus Falke

Informationen zur Bestellung:

Bestelldatum:	05.10.20XX
Rechnungsnummer:	20197-233
Kundennummer:	04081905
Bestallartikel:	Sportschuhe MALA ▪ Farbe: blau ▪ Größe: 43
Anzahl:	1 x Paar
Preis:	49,99 EUR
MwSt: **Zzgl. Versandkosten:**	9,49 EUR 4,99 EUR
Gesamtsumme:	**64,47 EUR**

Kontoverbindung

Kontoinhaber:	Sporthaus Falke Saarlouis
Kreditinstitut:	EuroBANK
Kontonummer/IBAN:	DE20 1122 3344 5566 7081 36
BIC:	ABCXY10
Verwendungszweck:	RE20197-233

Kontonummer/ IBAN

Kontaktdaten des Verkäufers

Betreff

Bestellartikel

Bestelldatum

Gesamtsumme

Rechnungsnummer

Kreditinstitut

Verwendungszweck

Versandkosten

Preis

6.3 Bankkarten einsetzen

Eine Bankkarte ist eine Karte aus Kunststoff, die mit einem Bankkonto verknüpft ist.

Mit einer Bankkarte kann man Geld abheben, Rechnungen bezahlen oder online einkaufen. Sie ist mit einem persönlichen Geheimcode, dem PIN, geschützt. Man unterscheidet zwei Formen von Bankkarten: EC-Karten und Kreditkarten. Diese können unterschiedlich eingesetzt werden. Sollte eine Karte verloren gehen oder gestohlen werden, sollte dies umgehend der Bank mitgeteilt werden. Sie kann die Karte sperren, um unbefugte Überweisungen und Betrug zu verhindern.

Aufgabe

Schau dir die Bankkarte genau an. Trage die Ziffern von 1 bis 8 in die freien Felder ein und ergänze die jeweiligen Angaben.

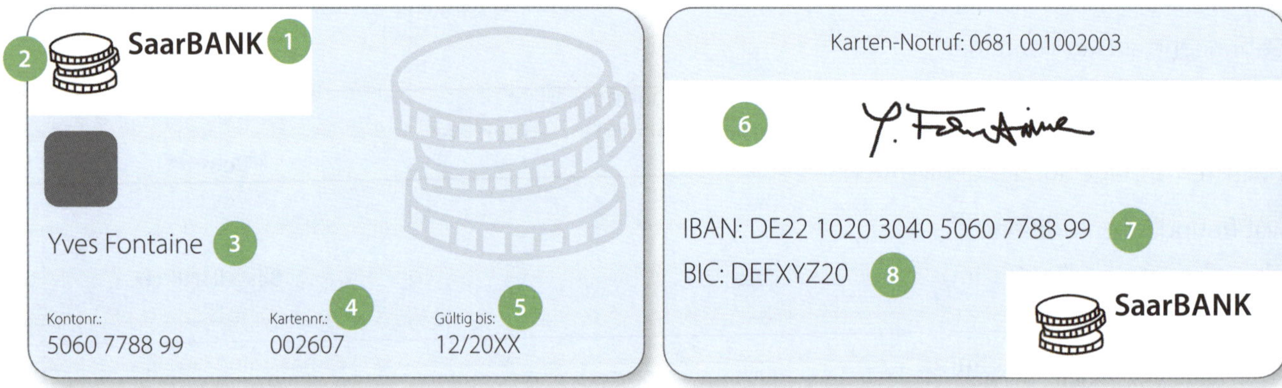

1 Name der Bank: **SaarBANK**

Logo der Bank: ______________________

IBAN: ______________________

Gültigkeit: ______________________

Kartennummer: ______________________

Kontoinhaber/in: ______________________

BIC: ______________________

Unterschrift: ______________________

Hinweis:
IBAN ist eine Abkürzung für die überall gültige Bankkontonummer.
BIC ist eine bestimmte Kennzeichnung einer Bank.

6.4 Überweisungsträger verwenden

Um Geld von einem Konto auf ein anderes zu bewegen, können Überweisungsträger genutzt werden. Sie werden auch Zahlscheine genannt. Ein Vordruck ist in der Bank erhältlich, kann online abgerufen werden oder liegt hin und wieder Rechnungen bei, die per Brief versendet wurden. Alle Angaben auf dem Formular müssen vollständig und gut lesbar sein. Mit dem Datum und der Unterschrift wird die Überweisung in Auftrag gegeben. Die Bank überprüft das Dokument abschließend und führt die Überweisung aus.
Um zu überprüfen, ob Überweisungen korrekt ausgeführt beziehungsweise offene Rechnungen beglichen wurden, sollte man regelmäßig seine Kontoauszüge überprüfen. Wichtige Voraussetzung ist hierfür immer ein ausreichend gedecktes Konto.

Vorgehensweise bei einer Überweisung mittels Überweisungsträger:

- Überweisungsträger besorgen (z. B. Bank, Internet)
- Überweisungsformular ausfüllen
- Angaben überprüfen
- Vollständigen Überweisungsträger bei der Bank einreichen

Aufgabe

Schau dir den Überweisungsträger genau an.

a) Welche Begriffe sind unbekannt? Tausche dich hierzu in der Klasse aus.

b) Fülle das Überweisungsformular mit allen Angaben zu Yves Bestellung aus (siehe S. 26).
Hinweis: Du darfst für Yves unterschreiben.

Tipps zum Thema Überweisungsformular ausfüllen.
https://www.youtube.com/watch?v=bOi9A88j4iE

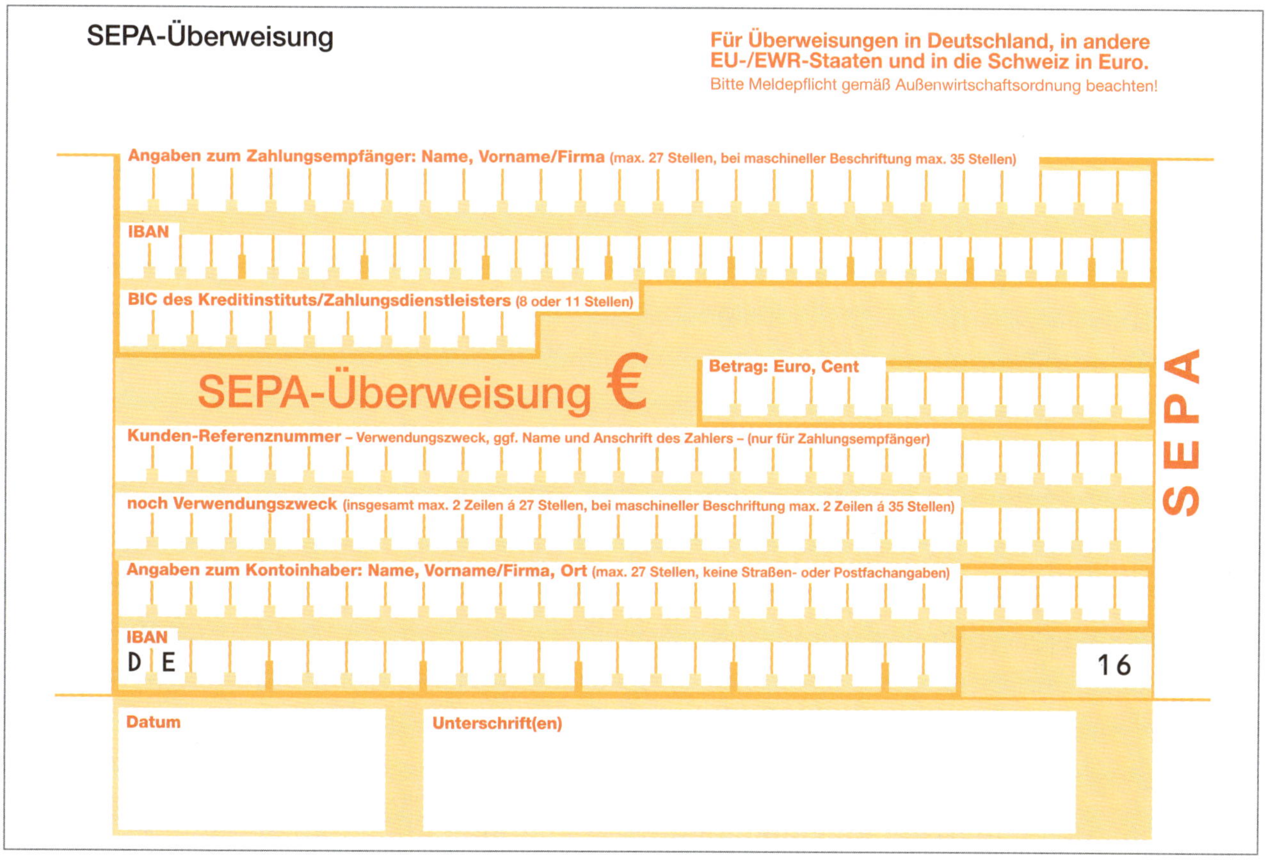

SEPA-Überweisung

Für Überweisungen in Deutschland, in andere EU-/EWR-Staaten und in die Schweiz in Euro.
Bitte Meldepflicht gemäß Außenwirtschaftsordnung beachten!

Angaben zum Zahlungsempfänger: Name, Vorname/Firma (max. 27 Stellen, bei maschineller Beschriftung max. 35 Stellen)

IBAN

BIC des Kreditinstituts/Zahlungsdienstleisters (8 oder 11 Stellen)

SEPA-Überweisung €

Betrag: Euro, Cent

Kunden-Referenznummer – Verwendungszweck, ggf. Name und Anschrift des Zahlers – (nur für Zahlungsempfänger)

noch Verwendungszweck (insgesamt max. 2 Zeilen á 27 Stellen, bei maschineller Beschriftung max. 2 Zeilen á 35 Stellen)

Angaben zum Kontoinhaber: Name, Vorname/Firma, Ort (max. 27 Stellen, keine Straßen- oder Postfachangaben)

IBAN

D E

16

SEPA

Datum

Unterschrift(en)

7 Innerbetriebliche Mitteilungen verfassen

7.1 Arten von innerbetrieblichen Mitteilungen unterscheiden

In einem Unternehmen ist es wichtig, sich auszutauschen und abzusprechen, um erfolgreich zu sein. Eine gute Kommunikation im Betrieb ermöglicht einen reibungslosen Ablauf von Arbeitsprozessen, fördert die Zusammenarbeit in Teams und sorgt für den Informationsaustausch zwischen Mitarbeitern. Innerbetriebliche Mitteilungen tragen dazu bei, dass Informationen in einem Betrieb verbreitet werden. Sie können Mitarbeiter über Neuerungen, Beschwerden oder besondere Vorkommnisse informieren. Auch Lob oder Kritik kann in einer solchen Nachricht enthalten sein. Interne Mitteilungen können sowohl mündlich als auch schriftlich erfolgen. Elektronische Medien unterstützen heutzutage eine schnelle und zuverlässige Zustellung von Informationen.

Mündliche Kommunikation

- Besprechungen
- Teamgespräche
- Mitarbeitergespräche
- Präsentationen usw.

Schriftliche Kommunikation

- E-Mails
- Sprachmemos
- Chats
- Berichte
- Anweisungen usw.

7.2 Innerbetriebliche Mitteilungen gestalten

Innerbetriebliche Mitteilungen sind immer klar und eindeutig zu formulieren. Außerdem sollen sie sich an eine bestimmte Zielgruppe (z. B. Mitarbeiter, Auszubildende) richten. Die darin enthaltenen Informationen sind vertraulich zu behandeln und nur an berechtigte Personen weiterzuleiten. Wichtige Informationen, Änderungen oder Neuerungen sind immer rechtzeitig mitzuteilen, damit Mitarbeiter sich darauf einstellen oder auch reagieren können.

Aufgaben

1. Finde sechs weitere Themen einer innerbetrieblichen Mitteilung, über die man Mitarbeiter informieren kann.

Neuer Mitarbeiter/ neue Mitarbeiterin	Neue Regelungen bezüglich der Arbeitszeiten		

2. Findet euch in Kleingruppen von zwei Personen zusammen. Erstellt gemeinsam mithilfe der folgenden Informationen eine innerbetriebliche Mitteilung für die Mitarbeiter eines Praktikumsbetriebes in eurer Nähe.

TIPP: *Einladung – Sommerfest – Termin – Essen und Getränke frei – DJ und Band – Name und Adresse des Betriebs – Datum – Unterschrift – Anrede – Betreff – Verfasser – Uhrzeit – Rückmeldung/Zusage – Besondere Hinweise*

8 Geschäftliche Briefe verfassen

8.1 Arten von Geschäftsbriefen unterscheiden

Die schriftliche Kommunikation dient in Unternehmen dazu, Informationen auszutauschen, Vereinbarungen zu treffen und geschäftliche Beziehungen aufrechtzuerhalten und zu pflegen. Der Aufbau von Geschäftsbriefen (z. B. Verträge, Angebote) orientiert sich oftmals an der DIN 5008. Sie sind immer professionell gestaltet, um einen positiven Eindruck des Unternehmens zu vermitteln und Vertrauen bei Kunden, Geschäftspartnern und Mitarbeitern zu schaffen. Sie zeichnen sich durch eine klare Struktur sowie eine höfliche Sprache aus. Die darin enthaltenen Informationen sind genau und vollständig beschrieben. Bevor ein geschäftliches Schreiben versendet wird, sollte dieses überprüft und gegebenenfalls korrigiert werden.

Hinweis: DIN ist eine Abkürzung für Deutsches Institut für Normung. DIN 5008 enthält Schreib- und Gestaltungsregeln für eine einheitliche Textgestaltung. Eine andere bekannte Norm ist die Norm für Papierformate (z. B. DIN A4).

Man unterscheidet verschiedene Arten von Geschäftsbriefen:

- Anfrage
- Angebot
- Auftrag oder Bestellung
- Auftragsbestätigung
- Lieferschein
- Preislisten
- Rechnung
- Mahnung
- Werbebriefe

Nachdem eine *Anfrage* gestellt wurde, erfolgt in der Regel ein Angebot. Ein Kaufvertrag kommt in der Regel erst zustande, wenn ein Angebot angenommen wird. Dies geschieht, sobald eine Ware oder Dienstleistung bestellt wird. Eine Bestellung kann sowohl mündlich als auch schriftlich erfolgen und ist damit rechtsgültig. Die Allgemeinen Geschäftsbedingungen (AGB) enthalten konkrete Vertragsregelungen und sind Bestandteil eines jeden Vertrags. Zur Bestätigung erhält der Kunde eine Auftragsbestätigung. Nachdem ein Kauf abgeschlossen ist oder eine Dienstleistung ausgeführt wurde, erhält der Kunde eine Rechnung. Den entsprechenden Betrag muss dieser binnen einer gesetzlichen Frist begleichen. Eine Bezahlung kann entweder bar erfolgen oder mittels einer Überweisung (siehe S. 26–28). Bei Zahlungsverzug erhält der Kunde eine Mahnung, in der eine erneute Zahlungsaufforderung enthalten ist.

Aufgabe

Trage mithilfe des Textes die jeweiligen Bezeichnungen von Geschäftsbriefen bei einem Briefwechsel in die freien Felder ein. Achte dabei auf die richtige Reihenfolge. Markiere die Geschäftsbriefe, dieTeil des Kaufvertrags sind, in Rot.

8.2 Bausteine eines Geschäftsbriefes kennen

Bei der Gestaltung eines geschäftlichen Schreibens kommt es sowohl auf den richtigen Aufbau als auch den Inhalt an. In der Regel sollte man sich in einem offiziellen Schreiben auf das Wesentliche beschränken und darin das jeweilige Anliegen möglichst kurz, jedoch genau schildern. Fehler in der Schreibweise oder Ausdruckform vermitteln dem Kunden ein unprofessionelles Unternehmen, weshalb dies stets zu vermeiden ist. Der Aufbau erfolgt standardisiert nach der Vorgabe der Norm.

Aufgaben

1. Ordne die Bausteine eines geschäftlichen Briefes richtig zu.

(1) **Musterfirma**

Musterfirma GmbH – Musterstraße 1 – 12345 Musterstadt

(2) Peter Mustermann
Musterweg 1
12346 Musterdorf

(3) Ihre Ansprechpartnerin:
Pia Musterfrau
Abteilung: Verkauf
Telefon 0681 100200300-10
E-Mail: pm.musterfirma@abc.de

(4) Musterstadt, 30.04.20XX

(5) Neues Produktsortiment ab dem 01.06.20XX

(6) Sehr geehrter Herr Mustermann,

(7) Information – Information – Information – Information – Information – Information

(8) Information – Information – Information – Information – Information – Information
Information – Information – Information – Information – Information – Information
Information – Information – Information – Information – Information – Information
Information – Information – Information – Information – Information – Information

(9) Information – Information – Information – Information

(10) Mit freundlichen Grüßen

(11) *Pia Musterfrau*

Pia Musterfrau

(12) Musterfirma GmbH
Musterstraße 1
12345 Musterstadt

Telefon: 0681 100200300
Telefax: 0681 100200400
www. musterfirma.de

Sparkasse: Musterland
BLZ: 123 456
IBAN: DE89 3704 0044 0532 0130 00
Handelsregisternummer: HRA 1000
Amtsgericht: Musterstadt

Nr.	Baustein
	Informationsblock
1	Briefkopf mit Logo
	Schlusssatz
	Betreffzeile
	Grußformel
	Informationstext
	Unterschrift
	Einleitungssatz
	Geschäftsangaben
	Anrede
	Absender und Empfänger
	Ort und Datum

2. Formuliere für einen Geschäftsbrief, eine angemessene Anrede sowie eine geeignete Grußformel.

____

____

3. Erstelle eine Liste mit fünf Tipps zur Gestaltung eines Geschäftsbriefes.

- ______________
- ______________
- ______________
- ______________
- ______________

8.3 Briefe versenden

In Deutschland gibt es eine Vielzahl von Versanddienstleistern, die für die Zustellung von Briefen und Paketen innerhalb und außerhalb Deutschlands zuständig sind (z. B. Deutsche Post, DHL, Hermes, DPD). Je nach Größe und Gewicht des versendeten Inhalts (z. B. Papierdokument, Ware) ist eine entsprechende Verpackung zu wählen. Für den Versand ist das sogenannte Porto, also eine Versandgebühr, zu bezahlen. Briefumschläge und Versandtaschen sind in unterschiedlichen Formaten (z. B. C3, C4, C5) mit und ohne Sichtfenster erhältlich. Bei den Verschlussarten kann man zwischen haftklebend, selbstklebend oder nassklebend wählen.

Damit ein Brief beim Empfänger ankommt, muss dieser richtig beschriftet und frankiert werden.

Folgende Tipps können dabei hilfreich sein:

- Beschrifte nur die Vorderseite des Briefumschlags.
- Notiere oben links die Adresse des Absenders.
- Gib unten rechts die Adresse des Empfängers an.
- Platziere oben rechts in der Ecke die Briefmarke.

https://www.deutschepost.de/de/b/briefumschlag-richtig-beschriften.html

Aufgaben

1. Finde die Fehler im Adressatenfeld und korrigiere sie.

Firma Hans-Franz Frenzel AG
Für Frau Christian Müller
Hochlandstraße 100
66663 Merzig

An
Herrn P.-J. Z.
Postfach 100 200 33
66740 S/S

FÜR
FRAU LUCIE KLEIN
SCHWESTERNWEG
66123 SAARBRÜCKEN

2. Informiere dich im Internet zu den Versandkosten eines Briefes innerhalb von Deutschlands. Vervollständige die folgende Tabelle mit allen wichtigen Informationen.

Format	Preis	Maße	Gewicht	Inhaltsbeispiel
Standard			bis 20 g	
Kompakt				
Groß	1,60 €			
Maxi				■ Geschäftsbrief ■ Magazin ■ Buch

www.deutschepost.de/de/b/brief_postkarte.html

9 Vorgänge beschreiben

9.1 Abläufe und Prozesse darstellen

Sicherlich kennst du Beschreibungen bereits aus deinem Alltag: Sie helfen, eine genaue Vorstellung von etwas zu bekommen. Eine Vorgangsbeschreibung bezieht sich auf wiederholbare Vorgänge. Beispiele hierfür sind eine Spielanleitung, eine Möbelaufbauanleitung, ein Kochrezept, eine Bedienungsanleitung oder eine Gebrauchsanweisung. Eine Vorgangsbeschreibung leitet dich schrittweise an. Die einzelnen Arbeitsschritte müssen in der richtigen Reihenfolge beschrieben werden. Die Sprache sollte für jeden verständlich und klar sein. Für ein besseres Verständnis dienen hin und wieder zusätzliche Bilder. Mit einer Vorgangsbeschreibung soll das Interesse und die Motivation des Lesers für einen Vorgang oder eine Tätigkeit geweckt werden.

9.2 Merkmale einer Vorgangsbeschreibung kennen

Eine Vorgangsbeschreibung besteht grundsätzlich aus vier Teilen: Überschrift, Einleitung, Hauptteil und Schluss. Zu Beginn werden kurz das Ziel sowie die benötigten Materialien und Hilfsmittel beschrieben. Im Hauptteil erklärst du einzelne Arbeitsschritte und kannst auf mögliche Gefahren hinweisen. Im Schluss gehst du auf das fertige Produkt ein und verweist auf alternative Handlungsschritte.

Tipps für eine Vorgangsbeschreibung	**Beispiel**
▪ Wähle eine geeignete Überschrift aus.	*Burger-Rezept*
▪ Achte auf die richtige Reihenfolge der Arbeitsschritte.	*Zuerst halbieren Sie das Brötchen.* *Im Anschluss bestreichen Sie die beiden Hälften mit Butter.*
▪ Schreibe immer in der Zeitform Präsens.	*Wiegen Sie 200 Gramm Semmelbrösel mit der Waage ab.*
▪ Wähle abwechslungsreiche Satzanfänge.	*Nun waschen Sie die Tomaten. Danach schneiden Sie die Gurke in Scheiben.*
▪ Verwende immer nur eine Anredeform (Sie/man).	*Braten Sie das Fleisch in etwas Öl in der Pfanne.*

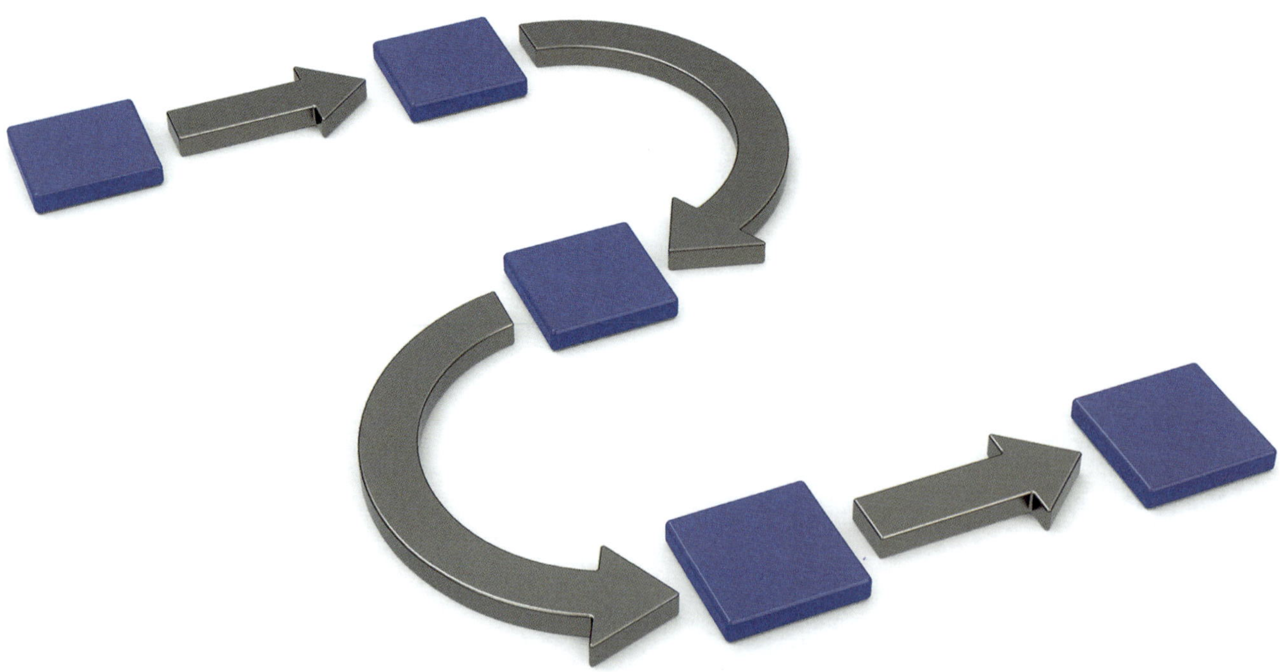

Aufgaben

1. Finde alle versteckten *Satzanfänge* für eine Vorgangsbeschreibung im Gitterrätsel.
   Markiere die Begriffe farbig. Hinweis: die Wörter sind waagerecht → und senkrecht ↓ geschrieben.
2. Wähle fünf Satzanfänge und bilde daraus Beispielsätze für eine Vorgangsbeschreibung zum Thema *Batteriewechsel in einer Fernbedienung.*

A	L	M	V	N	V	F	V	S	E	W	Q	Q	E	F	S	N	F
M	B	Z	N	M	J	I	I	I	C	A	Z	A	J	V	I	I	I
P	S	E	G	Y	E	O	J	E	R	V	J	E	T	Z	T	J	N
U	A	L	S	_	L	E	T	Z	T	E	S	U	X	A	A	S	A
L	Z	U	_	B	E	G	I	N	N	L	K	Z	H	Y	H	P	L
J	I	D	A	N	N	Y	S	K	V	T	S	L	P	E	G	Ä	A
O	A	L	S	_	E	R	S	T	E	S	X	I	A	D	I	T	S
W	D	A	N	A	C	H	A	U	U	G	O	A	M	N	M	E	A
Z	U	M	_	S	C	H	L	U	S	S	Y	L	_	S	_	R	B
A	N	S	C	H	L	I	E	ß	E	N	D	S	E	C	A	O	S
Q	D	A	M	_	A	N	F	A	N	G	J	_	N	H	N	O	C
T	A	Y	N	Z	B	Z	Y	S	A	B	J	N	D	L	S	C	H
N	R	C	F	W	P	E	A	O	T	O	D	Ä	E	I	C	W	L
T	A	B	Q	J	C	W	D	V	N	T	E	C	Q	E	H	O	I
M	U	I	C	T	Z	N	T	V	U	R	C	H	W	B	L	T	E
Y	F	D	U	U	N	T	D	F	N	A	B	S	I	L	U	O	ß
P	H	K	T	I	E	K	T	A	T	U	U	T	J	I	S	N	E
R	I	F	J	T	K	H	T	Q	R	G	E	E	F	C	S	I	N
I	N	D	L	O	U	A	Z	Y	B	D	S	S	E	H	E	O	D
E	E	W	C	F	S	Q	M	A	G	E	S	Z	H	D	F	Z	G

www.duden.de

Diese Wörter sind versteckt:

ZUM_SCHLUSS | ZU_BEGINN | JETZT | ALS_ERSTES | SPÄTER
SCHLIEßLICH | FINAL | ANSCHLIEßEND | DARAUFHIN | AM_ANFANG
DANN | AM_ENDE | IM_ANSCHLUSS | DANACH | NUN
ALS_LETZTES | ALS_NÄCHSTES | ABSCHLIEßEND

Batteriewechsel in einer Fernbedienung

- ______________________________
- ______________________________
- ______________________________
- ______________________________
- ______________________________

Aufgaben

Jean-Pierre (15) macht ein Praktikum in einem Café. In der Küche lernt er, wie man Speisen zubereitet und Geräte benutzt. In einem Kochbuch findet er ein Rezept für Pfannkuchen.

1. Ordne die Begriffe in die Tabelle ein. Unterscheide dabei zwischen Zutaten sowie Materialien und Hilfsmitteln.

Rezept Nr. 13: Pfannkuchen zubereiten

Das Rezept ist für zwei Personen und gelingt in nur 15 Minuten.

Zutaten	Materialien und Hilfsmittel

- **Kelle**
- **1 x Erdbeere**
- **1 x Herd**
- **Kirschsoße**
- **Sieb**
- **Speiseöl**
- **Schneebesen**
- **2 x Eier**
- **200 ml Milch**
- **200 g Mehl**
- **Löffel**
- **Schüssel**
- **150 g Zucker**
- **Pfanne**
- **1 x Teller**

2. Verfasse mithilfe der Bilder eine Vorgangsbeschreibung. Achte dabei auf die Tipps für eine gelungene Vorgangsbeschreibung.

   Notizen und Idee zur Vorgehensweise

   ■ ______________________________

   ■ ______________________________

   ■ ______________________________

   ■ ______________________________

   ■ ______________________________

Aufgaben

1. Finde alle versteckten Handlungsverben zum Thema *Kochen* im Gitterrätsel.
   Markiere die Begriffe farbig. Hinweis: Die Wörter sind waagerecht → und senkrecht ↓ geschrieben.

2. Wähle drei Verben und bilde daraus Beispielsätze für eine Vorgangsbeschreibung.

Z	K	V	T	A	U	S	S	T	E	C	H	E	N	M	M	E	D	J	N	W	U	J	A	D	E	W	F	O	J
K	N	H	Y	V	A	M	F	P	Z	U	E	H	S	I	E	K	H	I	M	B	Z	T	R	D	R	S	S	O	K
G	E	A	A	G	Z	Y	O	S	Y	D	N	Q	N	A	X	V	S	I	D	U	X	B	L	C	H	T	B	H	F
T	T	L	I	B	D	E	R	Z	G	V	G	X	G	J	W	V	F	R	F	I	E	T	S	P	I	N	O	A	F
D	E	B	C	M	P	E	M	E	L	D	Ü	N	S	T	E	N	N	P	W	H	N	G	V	U	T	E	O	B	R
B	N	I	Z	S	Y	P	E	S	P	S	T	Ü	C	K	E	L	N	H	O	S	T	D	F	K	Z	W	U	S	P
F	F	E	J	A	T	U	N	L	K	H	W	Y	I	J	G	Z	S	D	U	H	S	G	B	B	E	X	U	I	I
T	J	R	V	M	J	M	J	J	T	T	Y	A	T	V	W	N	X	W	F	N	A	S	D	E	N	B	Z	E	K
O	G	E	W	S	W	T	R	M	K	Z	F	A	F	J	M	C	R	H	A	A	F	A	U	S	T	S	J	B	R
G	A	N	V	D	E	G	O	A	K	R	P	A	N	R	I	C	H	T	E	N	T	G	Y	H	O	P	U	E	O
K	R	A	D	A	B	A	C	K	E	N	J	Y	N	T	P	R	X	H	R	F	E	H	B	L	F	Ü	B	N	L
A	E	B	G	A	W	Z	T	S	E	K	T	S	M	D	X	G	G	H	F	G	N	G	B	T	K	L	E	N	L
S	N	T	K	E	N	T	K	E	R	N	E	N	L	N	X	F	V	U	R	K	W	E	A	A	M	E	J	I	E
O	A	T	J	A	Z	I	X	H	J	T	Z	P	S	C	H	Ü	T	T	E	N	A	V	B	E	D	N	R	T	N
A	S	I	N	D	E	T	D	A	C	U	H	B	F	H	V	J	V	Q	U	E	H	Z	M	U	Z	I	B	D	S
I	E	A	S	M	P	L	P	I	C	G	A	R	N	I	E	R	E	N	R	K	H	A	E	F	F	Q	Q	K	M
G	L	B	Y	N	Z	S	C	H	N	E	I	D	E	N	I	E	Q	S	I	U	S	K	S	I	S	O	K	V	Z
V	S	G	J	N	P	B	P	U	U	D	Q	T	O	I	N	D	N	J	H	P	H	X	S	L	S	H	T	M	A
Y	G	D	F	U	A	T	H	A	U	W	Ü	R	Z	E	N	K	K	P	K	M	F	U	E	G	R	U	H	E	N
R	W	R	A	S	P	E	L	N	C	W	C	U	K	T	A	O	I	I	U	B	T	Y	N	V	K	P	V	J	L
M	Z	D	E	K	O	R	I	E	R	E	N	M	U	B	R	C	A	H	Y	A	Z	P	H	A	B	O	A	J	K
Z	J	X	U	B	R	E	I	N	I	G	E	N	I	T	K	H	W	A	S	C	H	E	N	A	I	L	E	E	H
R	M	B	E	F	M	A	C	S	S	R	Ü	H	R	E	N	E	A	N	B	R	A	T	E	N	Y	S	L	B	T
N	F	S	U	F	K	I	U	H	Q	X	C	Q	F	I	H	N	L	I	W	R	E	I	B	E	N	B	X	G	A
W	F	U	D	M	U	W	Ü	R	F	E	L	N	H	L	Y	J	G	S	I	F	T	P	U	O	W	D	Z	G	B

Diese Wörter sind versteckt:

GAREN · ENTSAFTEN · AUSSTECHEN · ENTKERNEN · ANRICHTEN
SPÜLEN · KNETEN · FORMEN · ROLLEN · HALBIEREN · SCHÜTTEN
STÜCKELN · REIBEN · RÜHREN · DEKORIEREN · ABMESSEN
REINIGEN · WÜRZEN · RUHEN · WASCHEN · DÜNSTEN
ANBRATEN · GARNIEREN · WÜRFELN · RASPELN
SCHNEIDEN · KOCHEN · ABSIEBEN · BACKEN · ERHITZEN

- **Beispielsatz: Danach erhitzen Sie 100 ml Milch in einem kleinen Kochtopf auf dem Herd.**
-
-

Aufgabe

Schau dir die Bilder genau an. Benenne die Berufe und beschreibe die Arbeitsprozesse in eigenen Worten.

Tätigkeit	Beschreibung
 © Stavros – stock.adobe.com	Beruf 1: Tätigkeit:
 © Shunia – stock.adobe.com	Beruf 2: Tätigkeit:
 © Michael – stock.adobe.com	Beruf 3: Tätigkeit:
 © aboutmomentsimages – stock.adobe.com	Beruf 4: Tätigkeit:

10 Berichte erstellen

10.1 Berichtsformen kennen

Im Alltag erleben wir Vieles: Mithilfe eines Berichts kann ein Ereignis oder eine Handlung sachlich und objektiv geschildert werden. Ein Bericht fokussiert sich auf die wesentlichen Inhalte und enthält keine eigene Meinung. Der Leser wird in einer einfachen Sprache genau über ein Geschehen informiert. Die Zeitform ist dabei in der Vergangenheit, da das Ereignis, über welches berichtet wird, bereits in der Vergangenheit liegt. Je nach Schwerpunkt unterscheidet man verschiedene Berichtsformen.

Aufgaben

1. Notiere weitere Beispiele für Berichtsformen.

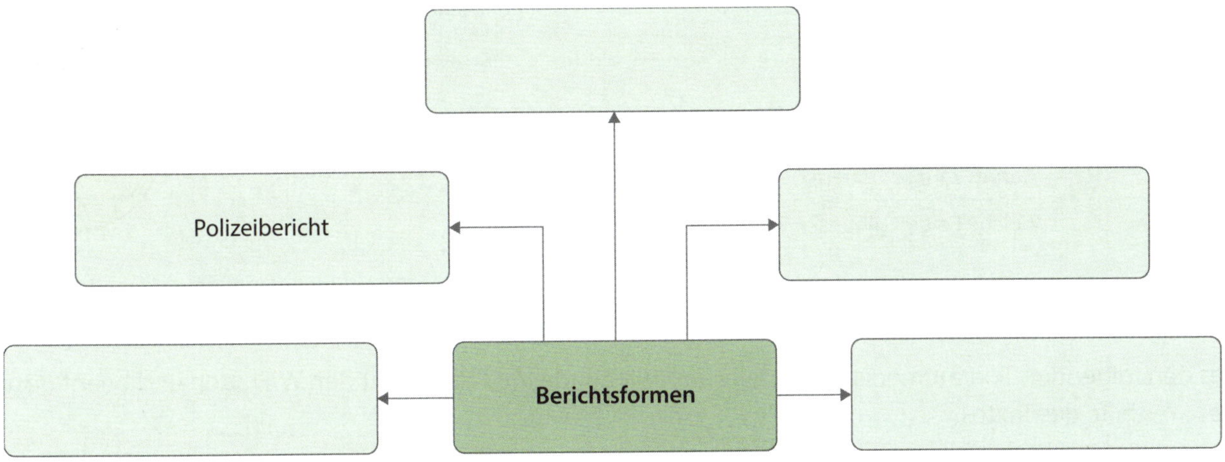

2. Erstelle mithilfe der Begriffe in Spiegelschrift eine Übersicht zu typischen Merkmalen eines Berichts.

Sachlichschreiben	
Neutralbleiben	
Objektivsein	
KeineeigeneMeinungeinbringen	
W-Fragenbeantworten	
NurwichtigsteInformationen	
Präteritumverwenden	
VerständlicheSpracheverwenden	

3. Entscheide dich für die richtige Zeitform.

TIPP: Achte auf die Zeitform eines Berichts.

a) Augenzeugen ☐ informierten / ☐ informieren die Polizei.
b) Beide Fahrer ☐ werden / ☐ wurden schwerverletzt in das nächstgelegene Krankenhaus gebracht.
c) An meinem ersten Praktikumstag ☐ wurde / ☐ werde ich herzlich empfangen.
d) Bei dem Raubüberfall ☐ wird / ☐ wurde niemand verletzt.
e) Die Schülerin ☐ erhielt / ☐ erhält einen Gewinnerpreis in Höhe von 1.000 EUR.
f) Am Donnerstag ☐ hat sich ereignet / ☐ ereignete sich ein schwerer Verkehrsunfall auf der A 620 bei Merzig.
g) An unserem dritten Tag auf Mallorca ☐ waren / ☐ ist es 30 Grad um die Mittagszeit.
h) Der SaarAnzeiger ☐ berichtet / ☐ berichtete bereits im Frühjahr darüber.

10.2 W-Fragen beantworten

Jeder Bericht sollte gut strukturiert sein und aus drei Teilen bestehen:

- Die Einleitung eines Berichts gibt einen Überblick über das Ereignis und führt den Leser in das Thema ein. Darin werden grundsätzlich die ersten vier W-Fragen beantwortet.
- Im Hauptteil werden wichtige Informationen in der richtigen Reihenfolge dargestellt und Zusammenhänge verdeutlicht.
- Im Schluss werden Erkenntnisse zusammengefasst und Schlussfolgerungen gezogen.

Bestandteile	W-Fragen
Einleitung	Wann ist es passiert?
	Was ist passiert?
	Wo ist es geschehen?
	Wer war beteiligt?
Hauptteil	Wie kam es zu dem Ereignis?
	Warum kam es zu dem Geschehen?
Schluss	Welche Folgen gibt es?

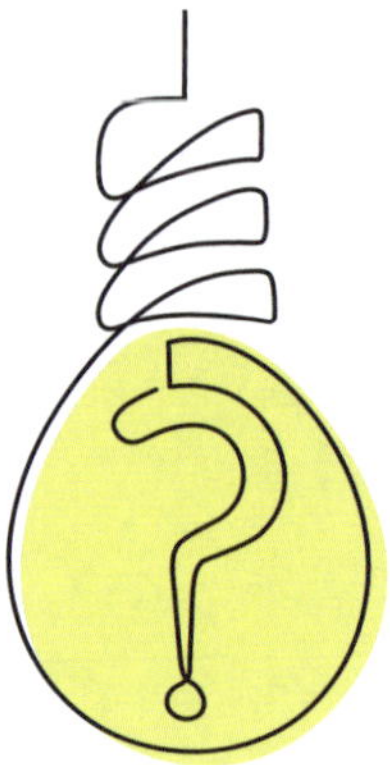

Aufgabe

Lies den folgenden Text aufmerksam. Erstelle anschließend eine Tabelle mit den W-Fragen und beantworte diese mithilfe des Textes.

Tierisches Erlebnis in der Innenstadt

Neunkirchen. SaarAnzeiger

Am vergangenen Samstag, dem 22.05.20XX, kam es am frühen Morgen gegen 4:00 Uhr zu einer seltsamen Begegnung zwischen Mensch und Tier: Ein 49-jähriger Mann aus dem Saar-Pfalz-Kreis war in der Innenstadt von Neunkirchen mit seinem PKW unterwegs, als ihm plötzlich zwei Giraffen auf der Fahrbahn begegneten. Im letzten Augenblick konnte der Mann sein Fahrzeug abbremsen und dadurch zum Stehen bringen. Er verständigte sofort die Polizei, die nach kurzer Zeit am Ort des Geschehens eintraf. Giraffen kannte man bislang in Neunkirchen nur aus dem Zoo, weshalb umgehend der Zoodirektor kontaktiert und zur Hilfe gerufen wurde. Die Tiere stammten tatsächlich aus dem Zoo und waren entlaufen. Gemeinsam mit zwei Tierpflegern fing der Zoodirektor die beiden Ausreißer ein und brachte sie unversehrt zurück in ihr Gehege. Gegenüber der Zeitung gab der Zoodirektor an, dass es sich bei den beiden um Wiederholungstäter handele, da sie bereits im vergangenen Jahr zu einem nächtlichen Spaziergang ausgebüchst seien. Vermutlich wurde diesmal das Tor des Geheges nach der Fütterung am Abend zuvor nicht ordentlich verriegelt. Bis auf ein paar Baumzweige wurde von den beiden Giraffen nichts beschädigt. Man müsse dennoch über ein neues Sicherheitskonzept im Giraffengehege nachdecken, sagte der Zoodirektor.

Aufgaben

1. Schau dir das folgende Bild genau an und verfasse dazu einen Bericht auf einem gesonderten Blatt. Achte dabei auf den richtigen Aufbau und beantworte die W-Fragen.

2. Notiere fünf Tipps zum richtigen Verhalten im Straßenverkehr.

Fünf Tipps für das richtige Verhalten im Straßenverkehr
■
■
■
■
■

Sachwortverzeichnis